JN241769

TRAY BAKE
トレイベイク
バターを使わない、バットで作るイギリス風焼き菓子
吉川文子

# はじめに

私が初めてトレイベイクと出会ったのは、今から7〜8年前のこと。
当時、アフタヌーン・ティーに興味を持っていたこともあり、
イギリスのお菓子の本をよく開いていたのですが、スコーンやビスケット、
ケイク、マフィンなどのおなじみのイギリス菓子と並んで、頻繁に登場するのが、
「tray bake ＝トレイベイク」という聞き慣れない名のお菓子でした。

興味を持って調べてみると、「tray ＝オーブンの天板」を意味し、
「天板で薄く焼いた四角いケーキ」のことだというのがわかりました。

型も使わずに、天板で気軽にお菓子を焼いてしまうなんて、
さすがホームメイドスイーツの本場、イギリス！と感動したことを覚えています。

ただ、実際に焼くとなると、家庭で食べきるには天板サイズは少し大きすぎるので、
手元にあった四角いバットに生地を流して焼いてみたところ、
焼き時間の短さ、切り分けやすさ、見ためたの新しさに心を奪われ、
以来、すっかりトレイベイクのとりこになりました。

同じ本の中で、オイルを使ったケーキのレシピを見つけたのも、ちょうどこの頃。
それまで焼き菓子といえば、私の中ではバターを使ったものが中心でしたので、
ふたつの新しい発見に、夢中になってあれこれ試作をしていたものです。

この本では、手軽さが重なり合った「バターを使わないトレイベイク」のレシピを
たくさんご紹介しています。ショートブレッドやヴィクトリアサンドイッチケーキ、
フラップジャックなどの伝統的なイギリス菓子のほか、
トレイベイクにしたらきっとおいしくて作りやすいだろうな、と考えた
フロランタンやアップルパイ、見ためたの華やかさを楽しめるお菓子も加えてみました。

ほとんどのレシピが、ワンボウルで材料をどんどん加えながら
ぐるぐる混ぜていけば生地の完成！という手軽さですので、
肩の力を抜いて、ぜひ楽しく作ってみてくださいね。

吉川文子

## 1.

## 型はバット1枚だけ

この本のお菓子は、すべてキャビネサイズ（20.5×16×深さ3cm）のバットで作ることができます。この本では野田琺瑯のホーローバットを使っていますが、ステンレスやアルミ製のものでもOK。また、15×15cmの角型でも同様に作れます。角型だと生地が若干厚くなりますが、焼く温度と時間は同じで大丈夫。様子を見ながら加減してみてください。

## 2.

## 焼き時間が短い

バットに流して焼くとあって、生地が薄いので、焼き時間が少なくてすむのがうれしい点。たとえばパウンドケーキなら、通常より10分ほど短くなっています。思い立ったらすぐにキッチンに立って、ボウルでぐるぐる混ぜて生地を作り、さっと焼いたら、もうおやつの時間。そんな気軽さで作れるのが、日常のお菓子にぴったりのトレイベイクなのです。

# 3.

## 切り分けやすい

四角い型で焼いたお菓子は、丸型やパウンド型よりも切り分けやすいのが特徴。大きめに切って少人数で食べてもいいし、小さく4×5列などに切れば、大人数でもおやつタイムを楽しめます。正方形のほか長方形やバー状にカットしたり、それを斜め半分に切って三角形にしても。また、手土産にする時はバットごと持ち歩けば、型くずれの心配もありません。

# 4.

## 飾るのも楽しい

バットで焼くお菓子は表面積が広いので、フルーツやナッツなどのトッピングをのせたり、マーブル模様にしたり…と、飾る楽しみがたくさん。焼きっぱなしでも十分おいしいですが、クランブルをのせて焼いたり、焼き上がりにアイシングをかければ、さらに心躍る仕上がりに。クリームで飾れば、デコレーションケーキのように華やかなケーキも作れます。

# CONTENTS

## BASIC TRAY BAKE



Chapter. 1

## CHOCOLATE &CHEESE TRAY BAKE

チョコレートとチーズのトレイベイク



Chapter. 2

## FRUITS TRAY BAKE

フルーツのトレイベイク

[この本での約束ごと]
- 大さじ1は15ml、小さじ1は5mlです。
- 卵はMサイズのもの、植物油は太白ごま油を使用しています。
- 「ひとつまみ」とは、親指、人さし指、中指の3本で軽くつまんだ量のことです。
- オーブンは、あらかじめ設定温度に温めておきます。焼き時間は、熱源や機種などによって多少差があります。レシピの時間を目安に、様子を見ながら加減してください。
- ガスオーブンを使う場合は、焼き時間の⅔くらいのところで、温度を10℃ほど低くしてください。
- 電子レンジの加熱時間は、600Wのものを基準にしています。500Wの場合は、1.2倍の時間を目安にしてください。機種によっては、多少差が出ることもあります。

# BASIC TRAY BAKE
# 基本のトレイベイクを作りましょう

## コーヒーブラウニー
**Coffee brownie**

薄めに焼いて、四角く切り分けるお菓子といえば、
まず最初に思い浮かぶのが、チョコレートの焼き菓子・ブラウニー。
卵とチョコレートを合わせたあと、とろみがつくまで混ぜることで、
口溶けのよい生地に焼き上がります。仕上げにコーヒーを加え、
さっと混ぜて、そのほのかな苦みをアクセントにします。

**材料**（20.5×16×深さ3cmのバット1枚分）

- 製菓用チョコレート（ビター）　100g
- 植物油　50g
- プレーンヨーグルト　30g

卵　2個
グラニュー糖　50g
A
- 薄力粉　40g
- ベーキングパウダー　小さじ⅓

インスタントコーヒー（粉末のもの）　小さじ1
仕上げ用のココア　適量

**下準備**

- 卵は室温に戻す。
- チョコレートは細かく刻む。
- バットにオーブンシートを敷く。
- オーブンを180℃に温める。

## 1 チョコレートを溶かす

ボウルにチョコレートを入れて湯せん（底に60℃の湯をあてる）にかけ、泡立て器で混ぜながら溶かす。

＊60℃は、指を入れて熱いと感じるくらい（やけどに注意）

油を少しずつ加え、ぐるぐるっとしっかり混ぜ、ヨーグルトも加えてぐるぐるっと混ぜる。

## 2 卵と混ぜる

別のボウルに卵とグラニュー糖を入れ、泡立て器で砂糖のざらつきがなくなるまで1分ほど混ぜる。

＊しっかり混ぜて空気を含ませると、ふんわりした食感に

①のチョコを加え、ねっとりするまでぐるぐるっと混ぜる。

＊とろりと乳化させることで、口溶けのいい生地になる

## 3 粉を加える

Aをふるい入れ、

泡立て器でぐるぐるっと混ぜ、

粉っぽさがなくなったらコーヒーを加え、ゴムべラでさっと混ぜる。

＊コーヒーが溶けきらないほうが味のアクセントになるので、さっと混ぜて

## 4 焼く

バットに流し、180℃のオーブンで20分ほど焼く。まん中に竹串を刺して、どろっとした生地がつかなければ焼き上がり。完全に冷めたら、好みでココアを茶こしでふる。

Column

# トレイベイクの楽しみ方

焼きっぱなしの素朴な表情も、
十分にかわいく、おいしそうだけれど、
トッピングやクリームをプラスすれば、
ぐっと華やかな印象になります。

## ビスケットのせ

市販の「ロータス」カラメルビスケットをのせて焼いたブラウニー。シナモンが香る、さくっとしたビスケットとの相性は抜群。このほか、「オレオ」を割ってのせても楽しい。

## フルーツのせ

レモンのシロップ漬けをのせて焼いたブロンディは、見ためのかわいさも格別。輪切りや縦半分に切ったバナナを合わせたバナナブレッド、薄切りにした生のりんごをのせたアップルケーキもおすすめ。

## クランブルのせ

りんごとラムレーズン入りの生地に、クランブルを散らして焼いたアップルクランブルケーキ。カリカリッとしたクランブルの食感が最高。いちじくとキャラメルのケーキにのせて焼いてもおいしい。

## ナッツのせ

ピーカンナッツをのせて焼いた、コーヒーブロンディ。カリカリに焼けたナッツの香ばしさがたまりません。ナッツはこのほかアーモンドやくるみ、ピスタチオなど、好みのもので試してみて。

## マーブル模様に

抹茶生地をマーブル状に練り込んだ、抹茶マーブルチーズケーキ。2種類の生地を交互に流し、菜箸で8の字を描いて模様を作ります。チーズの風味のあとに、ほろ苦い抹茶生地がほどよく広がります。

## 2層に

ブラウニー生地の上にチーズケーキ生地を重ねて焼いた、ブラウニーチーズケーキ。2つの生地を重ね、一度に焼くことができる配合にしました。きっちり2層になっていないところが、またかわいい。

## チョコレートがけ

軽めのココアケーキをチョコレートでコーティングした、ザッハトルテ風。溶かしたチョコに少しオイルを混ぜることで、ツヤのあるソースになります。バナナブレッドにかけても合います。

## クリームのせ

ココナッツ入りのケーキを生クリームで飾った、ブルーベリーとココナッツのケーキ。クリームは、スプーンでラフに塗るだけ。ブルーベリーとレモンの皮を散らせば、デコレーションケーキの完成です。

# CHOCOLATE & CHEESE TRAY BAKE

## Chapter.1　チョコレートとチーズのトレイベイク

溶かしたチョコレートで作る濃厚なブラウニーに、ホワイトチョコで作るブロンディ。軽い食感のココアのケーキと、チーズケーキもご紹介します。ブロンディは粉をやや多めにして、軽さのある味わいに。チーズケーキはヨーグルトを加え、あと味さわやかに。どれもしっかり混ぜて、とろりとした質感にすると、口溶けのいい、おいしい生地に焼き上がります。

## 1.
## バナナブラウニー
**Banana brownie**

チョコレートと相性抜群のバナナを、
生地とトッピングの両方にたっぷり使いました。
バナナのねっとりとした質感で、濃厚な味に。

## 2.
## ピーナッツバター
## ブラウニー
**Peanut butter brownie**

ピーナッツバターベースのリッチなクリームを、
ブラウニーにマーブル状にのせて焼き上げます。
ピーナッツバターは、粒入りだと食感も楽しい。

## 3.
## カラメルビスケットブラウニー
### Caramel biscuit brownie

ほんのりシナモンがきいた、市販のカラメルビスケットを
ずらりとトッピングして焼いたブラウニー。
まるで、ブラウニータルトのような味わいが楽しめます。
ビスケットごと、手に持って食べるのがおすすめです。

# 1. バナナブラウニー

**材料**（20.5×16×深さ3cmのバット1枚分）

A | 薄力粉　50g
　| ベーキングパウダー　小さじ½
B | ココア　30g
　| きび砂糖　80g
卵　2個
植物油　50g
牛乳　20g
バナナ　1本（正味100g）
トッピング用のバナナ　1本（正味100g）

**下準備**

・卵は室温に戻す。
・バナナは生地用はフォークで粗くつぶし、トッピング用は1cm厚さの輪切りにする。
・バットにオーブンシートを敷く。
・オーブンを180℃に温める。

**作り方**

❶ ボウルにBを入れて泡立て器でぐるぐる混ぜ、卵（一度に）、油（少しずつ）、牛乳、つぶしたバナナの順に加え、そのつどぐるぐるっと混ぜる。
❷ Aをふるい入れ、ゴムベラで底から返すようにムラなく混ぜる。
❸ バットに流し、トッピング用のバナナを全体にのせ、180℃のオーブンで30分ほど焼く。

生地用のバナナはフォークで粗めにつぶしたら、ココア生地に加え、泡立て器でぐるぐるっと混ぜる。これで、バナナの風味が詰まったしっとりとした生地になる。

トッピング用のバナナは1cm厚さの輪切りにし、生地の表面にランダムにのせる。バナナは焼くと少し沈むので、やや厚めに切って。

# 2. ピーナッツバターブラウニー

**材料**（20.5×16×深さ3cmのバット1枚分）

- 製菓用チョコレート（ビター）　100g
- 植物油　50g
- プレーンヨーグルト　30g

卵　2個
グラニュー糖　50g

A
- 薄力粉　40g
- ベーキングパウダー　小さじ1/3

**【ピーナッツクリーム】**
ピーナッツバター（微糖のもの・粒入り）　60g＊
きび砂糖　10g
牛乳　30g
薄力粉　小さじ1
＊「スキッピー」を使用

**下準備**

・下と同じ。

**作り方**

❶〜❸　下と同じ。
❹　ピーナッツクリームを作る。ボウルに材料を順に入れ（牛乳は少しずつ、薄力粉はふるい入れて）、そのつど泡立て器でぐるぐるっと混ぜる。バットに流した③の上にスプーンで10か所に落とし、スプーンで軽くのばしてマーブル状にする（a）。180℃のオーブンで30分ほど焼く。

a



# 3. カラメルビスケットブラウニー

**材料**（20.5×16×深さ3cmのバット1枚分）

- 製菓用チョコレート（ビター）　100g
- 植物油　50g
- プレーンヨーグルト　30g

卵　2個
グラニュー糖　50g

A
- 薄力粉　40g
- ベーキングパウダー　小さじ1/3
- シナモンパウダー　小さじ1/2

「ロータス」カラメルビスケット　8枚

**下準備**

・卵は室温に戻す。
・チョコレートは細かく刻む。
・バットにオーブンシートを敷く。
・オーブンを180℃に温める。

**作り方**

❶　ボウルにチョコレートを入れて湯せん（底に60℃の湯をあてる）にかけ、泡立て器で混ぜて溶かす。油（少しずつ）、ヨーグルトの順に加え、そのつどぐるぐるっと混ぜる。
❷　別のボウルに卵とグラニュー糖を入れ、泡立て器で1分ほど混ぜる。①を加え、ねっとりするまでぐるぐるっと混ぜる。
❸　**A**をふるい入れ、泡立て器でぐるぐるっと混ぜ、粉っぽさがなくなったらゴムベラで底から返すように混ぜる。
❹　バットに流し、ビスケットを2×4列にのせ、180℃のオーブンで25分ほど焼く。

## 4.
# ニューヨークチーズケーキ
## New York cheesecake

材料を順に混ぜるだけで作れる、手軽さがうれしいチーズケーキ。
ヨーグルトを加えた、クリーミーでいてさわやかな味です。
卵黄を1個分加えることでコクが加わる、おすすめのレシピ。
やや高めの温度で予熱をし、オーブン内の温度を維持して焼きます。

**材料**（20.5×16×深さ3cmのバット1枚分）

クリームチーズ　150g
グラニュー糖　50g
プレーンヨーグルト　50g
生クリーム　100g
卵　1個
卵黄　1個分
コーンスターチ　10g
【ボトム】
ダイジェスティブビスケット　9枚（80g）
植物油　大さじ2
メープルシロップ　小さじ1

**下準備**

・クリームチーズ、卵、卵黄は室温に戻す。
・バットにオーブンシートを敷く。
・オーブンを180℃に温める。

**作り方**

❶ ボトムを作る。ビスケットをファスナー式の保存袋に入れ、めん棒でたたいて細かく砕く。油とメープルシロップを加えて袋の上からもんで混ぜ、バットに入れ、ラップをのせて手で押して敷き詰める。

❷ ボウルにやわらかくしたクリームチーズ、グラニュー糖を入れ、ゴムベラでクリーム状に練る。ヨーグルト、生クリーム、卵、卵黄の順に加え、そのつど泡立て器でぐるぐるっと混ぜる。

❸ 小さめのボウルにコーンスターチをふるい入れ、②を大さじ3加えて泡立て器で混ぜる。②のボウルに戻して混ぜ、①のバットに流す。

❹ 天板にキッチンペーパーを敷いて③をのせ、オーブンに入れ、天板のふちギリギリまで熱湯を注ぎ（やけどに注意）、160℃で35分ほど焼く。粗熱がとれたら、バットごと冷蔵室で3時間以上冷やす。

*天板に熱湯を注ぐ間にオーブン内の温度が下がるので、少し高めの180℃で予熱するのがコツ

ビスケットをめん棒で細かく砕き、油とメープルシロップを混ぜたら、バットに入れてラップをのせ、手で押してしっかり敷き詰める。

小さめのボウルにコーンスターチをふるい入れ、チーズ生地を大さじ3加えて混ぜてから、元のボウルに戻す。これで、コーンスターチが浮いてダマになることもない。

天板にキッチンペーパーを敷いてバットをのせ、オーブンに入れ、天板のふちギリギリまで熱湯を注ぐ。キッチンペーパーを敷くのは、熱のあたりをやわらげるため。

# 5.
# オレオココアケーキ
## Oreo cocoa cake

子どもの頃に食べた、どこか懐かしさの感じられるココアケーキを
イメージして作りました。ブラウニーよりも粉の量が多く、
軽い食感が特徴です。「オレオ」は大きく割るとかわいらしく、
クッキーのほろ苦さ、クリームの甘さがおいしさを引き立てます。

**材料**（20.5×16×深さ3cmのバット1枚分）

A | 薄力粉　100g
ベーキングパウダー　小さじ½

B | ココア　20g
きび砂糖　100g

卵　1個
植物油　80g
プレーンヨーグルト　30g
牛乳　30g
「オレオ」クッキー　5組

**下準備**

- 卵は室温に戻す。
- バットにオーブンシートを敷く。
- オーブンを180℃に温める。

**作り方**

❶ ボウルに**B**を入れて泡立て器でぐるぐる混ぜ、卵、油（少しずつ）、ヨーグルト、牛乳の順に加え、そのつどぐるぐるっと混ぜる。
❷ **A**をふるい入れ、泡立て器でぐるぐるっと混ぜ、粉っぽさがなくなったらゴムベラで底から返すように混ぜる。
❸ バットに流して平らにならし、オレオを2〜4等分に割ってのせ、180℃のオーブンで25分ほど焼く。

生地に粉類を加えて泡立て器でぐるぐるっと混ぜ、粉っぽさがなくなったら、ゴムベラに持ち替え、底から返すように混ぜる。これで、生地が底までムラなく混ざる。

「オレオ」は手で2〜4等分に割り、全体にのせる。小さいとポロポロと崩れてしまうので、できるだけ大きめに割るのがポイント。

# 6.
# レモンのブロンディ
## Lemon blondie

レモンの酸味がホワイトチョコの甘さを引きしめ、
まろやかな味わいに。シロップ漬けのレモンをのせて
焼き込むことで、レモンの風味が口いっぱいに広がります。
残ったシロップ漬けは、炭酸で割って飲んでもおいしい。

**材料**（20.5×16×深さ3cmのバット1枚分）

製菓用ホワイトチョコレート　70g
植物油　70g
卵　2個
グラニュー糖　60g
レモン汁　小さじ1
レモンの皮（ワックス不使用のもの）のすりおろし　1個分
A
薄力粉　80g
ベーキングパウダー　小さじ1/3

**【レモンのシロップ漬け】**（作りやすい分量）
レモン（ワックス不使用のもの）　1個
グラニュー糖　40g
水　70ml

**下準備**

・卵は室温に戻す。
・ホワイトチョコは細かく刻む。
・バットにオーブンシートを敷く。

**作り方**

❶ レモンのシロップ漬けを作る。レモンは皮ごと4mm厚さの輪切りにし、容器に入れる。小鍋にグラニュー糖と水を入れて煮立たせ、冷めたらレモンにかけ、落としラップをして30分以上おく。オーブンを180℃に温める。

❷ ボウルにホワイトチョコを入れて湯せん（底に60℃の湯をあてる）にかけ、泡立て器で混ぜて溶かす。油を少しずつ加え、そのつどぐるぐるっと混ぜる。

❸ 別のボウルに卵とグラニュー糖を入れ、泡立て器で1分ほど混ぜる。②を加え、ねっとりするまでぐるぐるっと混ぜ、レモン汁とレモンの皮も加えて混ぜる。

❹ Aを2回に分けてふるい入れ、ゴムベラで底から返すようにムラなく混ぜる。

❺ バットに流して平らにならし、汁けをふいた①を9枚のせ、180℃のオーブンで30分ほど焼く。

＊レモンのシロップ漬けは、火が入りにくいまん中の部分にかたまらないようにのせて

レモンにシロップをかけたら、落としラップ（ラップをはりつけるようにのせる）をして30分以上おく。レモンを煮ないことで、苦みが出にくい。残りは冷凍保存も可。

溶かしたホワイトチョコを卵に加えたら、レモン汁とレモンの皮も加えて混ぜる。レモンは絞り汁だけでなく、皮もプラスして、よりレモン感の強い生地に。

バットに生地を流したら、まん中に積もった生地をゴムベラで四隅に広げるようにして平らにならす。これで、焼き上がりが均一になる。

# 7.
# バナナチーズケーキ
## Banana cheesecake

つぶして混ぜ込んだバナナの存在感が、
しっかり感じられるチーズケーキです。
トッピングのバナナは色が変わるので、
食べる直前にソテーしてのせて。

# 8.
# 抹茶マーブル
# チーズケーキ
## Matcha marble cheesecake

ほろ苦い抹茶生地をマーブル状に合わせた、
しっとりとしたニューヨークチーズケーキ。
抹茶の苦みがほどよくきいていて、
いくらでも食べられるおいしさです。

## 9.
## コーヒーブロンディ
### Coffee blondie

ホワイトチョコにコーヒーを合わせると、
カフェオレ風のやさしい味わいになります。
上にのせたナッツの食感がアクセントに。

## 10.
## 抹茶のブロンディ
### Matcha blondie

まろやかなホワイトチョコと、ほろ苦い抹茶。
人気のコンビで作った、軽やかなブロンディです。
トッピングのチョコは、粗く刻んで存在感を出して。

# 7. バナナチーズケーキ

**材料**（20.5×16×深さ3cmのバット1枚分）

クリームチーズ　200g
グラニュー糖　60g
はちみつ　20g
A｜プレーンヨーグルト　50g
｜牛乳　30g
｜卵　2個
｜バナナ　1本（正味100g）
コーンスターチ　10g
｜トッピング用のバナナ　1本（正味100g）
｜グラニュー糖　小さじ2

【ボトム】
ダイジェスティブビスケット　9枚（80g）
植物油　大さじ2
メープルシロップ　小さじ1

**下準備**

・「ニューヨークチーズケーキ」（17ページ）と同じ。
・生地用のバナナはフォークで粗くつぶす。
＊180℃で予熱⇒160℃で焼くのがコツ

**作り方**

❶ ボトムは「ニューヨークチーズケーキ」（17ページ）を参照して作る。
❷ ボウルにクリームチーズ、グラニュー糖、はちみつを入れ、ゴムベラでクリーム状に練り、Aを順に加えてそのつど泡立て器で混ぜる。
❸❹ 「ニューヨークチーズケーキ」（17ページ）と同じ（160℃のオーブンで40分ほど焼く）。
❺ 食べる時に、トッピング用のバナナを7〜8mm厚さの輪切りにし、フライパンの中火でグラニュー糖をふってさっと炒めて冷まし、④にのせる。＊バナナが変色するので、食べる時に作って



# 8. 抹茶マーブルチーズケーキ

**材料**（20.5×16×深さ3cmのバット1枚分）

クリームチーズ　150g
グラニュー糖　50g
プレーンヨーグルト　50g
生クリーム　100g
卵　1個
卵黄　1個分
コーンスターチ　10g
A｜抹茶　小さじ2
｜水　大さじ1

【ボトム】
上と同じ

**下準備**

・「ニューヨークチーズケーキ」（17ページ）と同じ。
＊180℃で予熱⇒160℃で焼くのがコツ

**作り方**

❶〜❸ 「ニューヨークチーズケーキ」（17ページ）と同じ（バットに流す前まで）。
❹ 別のボウルにAを入れて泡立て器で混ぜ、③の¼量を混ぜて抹茶生地を作る。①のバットに③のプレーン生地⅓量、そのまん中に抹茶生地⅓量の順に交互に流し（a）、菜箸の太いほうで大きく8の字を描いてマーブル模様を作る（b）。
❺ 「ニューヨークチーズケーキ」（17ページ）の④と同じ。

a

b

# 9. コーヒーブロンディ

**材料**（20.5×16×深さ3cmのバット1枚分）

製菓用ホワイトチョコレート　70g
植物油　70g
プレーンヨーグルト　大さじ1
インスタントコーヒー（粉末のもの）
　大さじ1
卵　2個
グラニュー糖　60g
A 薄力粉　80g
　ベーキングパウダー　小さじ⅓
ピーカンナッツ　20g

**下準備**

- 卵は室温に戻す。
- ホワイトチョコは細かく刻む。
- ヨーグルトとコーヒーは混ぜておく。
- バットにオーブンシートを敷く。
- オーブンを180℃に温める。

**作り方**

❶ ボウルにホワイトチョコを入れて湯せん（底に60℃の湯をあてる）にかけ、泡立て器で混ぜて溶かす。油（少しずつ）、ヨーグルト＋コーヒーの順に加え、そのつどぐるぐるっと混ぜる。

❷ 別のボウルに卵とグラニュー糖を入れ、泡立て器で1分ほど混ぜる。①を加え、ねっとりするまでぐるぐるっと混ぜる。

❸ Aを2回に分けてふるい入れ、ゴムベラで底から返すようにムラなく混ぜる。

❹ バットに流して平らにならし、ピーカンナッツをのせ（何個か半分に割る）、180℃のオーブンで20分ほど焼く。

苦みが少なく、コクと香りが魅力のピーカンナッツ。バナナブレッドに加えてもよく合う。かわりに、くるみやスライスアーモンドでも。

# 10. 抹茶のブロンディ

**材料**（20.5×16×深さ3cmのバット1枚分）

製菓用ホワイトチョコレート　70g
抹茶　大さじ1
植物油　70g
卵　2個
グラニュー糖　70g
A 薄力粉　70g
　ベーキングパウダー　小さじ⅓
トッピング用の製菓用
　ホワイトチョコレート　15g

**下準備**

- 上と同じ（ヨーグルトとコーヒーはなし）。
- オーブンを170℃に温める。

**作り方**

❶ ボウルにホワイトチョコを入れて湯せん（底に60℃の湯をあてる）にかけ、泡立て器で混ぜて溶かす。抹茶、油（少しずつ）の順に加え、そのつどぐるぐるっと混ぜる。

❷❸ 上と同じ。

❹ バットに流して平らにならし、トッピング用のホワイトチョコを粗く刻んで散らし、170℃のオーブンで20分ほど焼く。

# 11.
# ブラウニーチーズケーキ
## Brownie cheesecake

ブラウニーとチーズケーキ、2つの人気ケーキが一度に食べられる、
少し欲ばりなお菓子です。ブラウニー生地とチーズ生地は、
同時に焼くことができますが、途中で混ざらないように、
チーズ生地を低い位置から静かに流すのがポイントです。

**材料**（20.5×16×深さ3cmのバット1枚分）

**【ブラウニー生地】**

A | 薄力粉　40g
　| ベーキングパウダー　小さじ¼

B | ココア　10g
　| グラニュー糖　45g

卵　1個
植物油　40g
プレーンヨーグルト　10g
牛乳　10g

**【チーズ生地】**

クリームチーズ　150g
グラニュー糖　50g
卵　1個
牛乳　20g
薄力粉　15g

**下準備**

- 卵とクリームチーズは室温に戻す。
- バットにオーブンシートを敷く。
- オーブンを180℃に温める。

**作り方**

❶ ブラウニー生地を作る。ボウルに**B**を入れて泡立て器でぐるぐる混ぜ、卵、油（少しずつ）、ヨーグルト、牛乳の順に加え、そのつどぐるぐるっと混ぜる。

❷ **A**をふるい入れ、泡立て器でぐるぐるっと混ぜ、粉っぽさがなくなったらゴムベラで底から返すように混ぜ、バットに流す。

❸ チーズ生地を作る。ボウルにやわらかくしたクリームチーズ、グラニュー糖を入れ、ゴムベラでクリーム状に練り、卵、牛乳、薄力粉（ふるい入れて）の順に加え、そのつど泡立て器でぐるぐるっと混ぜる。

❹ ②に③を静かに流し、180℃のオーブンで20分ほど焼く。

＊冷蔵室で冷やしても、冷やさずにそのまま食べてもおいしい。保存は冷蔵室で

チーズ生地はブラウニー生地と混ざらないように、低い位置から静かに流す。チーズ生地の気泡は、下のブラウニー生地が出てきてしまうのでつぶさないで。

## 12.
# キャラメルマーブルブラウニー
## Caramel marble brownie

キャラメルクリームをマーブル状にかけて焼いたこのブラウニーは、
実は、私のいちばんのお気に入り。
キャラメルクリームはこがしすぎずに、ややマイルドに仕上げると、
苦みのきいたブラウニー生地との対比が楽しめます。

**材料**（20.5×16×深さ3cmのバット1枚分）

A
- 薄力粉　70g
- ベーキングパウダー　小さじ½

B
- ココア　20g
- グラニュー糖　70g

- 卵　1個
- 植物油　80g
- プレーンヨーグルト　30g
- 牛乳　30g

**【キャラメルクリーム】**
- グラニュー糖　40g
- はちみつ　10g
- 生クリーム　50ml

**下準備**

・卵は室温に戻す。
・バットにオーブンシートを敷く。

**作り方**

❶ キャラメルクリームを作る。小鍋にグラニュー糖とはちみつを入れて中火にかけ、ふちから色づいてきたら鍋を回して混ぜ、全体が濃いキャラメル色になったら火を止める。生クリームを少しずつ加えて（沸き上がってくるので注意）泡立て器で混ぜ、弱火で30秒ほど煮詰め、粗熱をとる。オーブンを180℃に温める。

❷ ボウルに**B**を入れて泡立て器でぐるぐる混ぜ、卵、油（少しずつ）、ヨーグルト、牛乳の順に加え、そのつどぐるぐるっと混ぜる。

❸ **A**をふるい入れ、泡立て器でぐるぐるっと混ぜ、粉っぽさがなくなったらゴムベラで底から返すように混ぜる。

❹ バットに流して平らにならし、①をスプーンで全体にたらし、菜箸で大きく8の字を描いてマーブル模様を作る。180℃のオーブンで25分ほど焼く。

小鍋にグラニュー糖とはちみつを入れて中火にかけ、混ぜずに鍋を揺すりながらこがしていき、少し煙が出て全体が濃いキャラメル色になったら火を止める。

キャラメルクリームは、スプーンで全体に線を描くようにたらす。スプーンですくっても落ちないほどかたければ、電子レンジで5秒ほど加熱してゆるめて。

生地全体にキャラメルクリームをたらしたら、菜箸の先を使って大きく8の字を描くようにしてマーブル模様を作る。ぐるぐると、全体に8の字を描いて。

# 13.
# チョコレートココアケーキ
## Chocolate cocoa cake

ココアケーキだけでも十分においしいのですが、
チョコレートでコーティングすると、一気によそゆきのお菓子に。
チョコに少しのオイルを混ぜるのがポイントで、
ツヤのあるチョコレートソースが手軽に作れます。

**材料**（20.5×16×深さ3cmのバット1枚分）

A
- 薄力粉　100g
- ベーキングパウダー　小さじ½

B
- ココア　20g
- きび砂糖　100g

卵　1個
植物油　80g
プレーンヨーグルト　30g
牛乳　30g

**【チョコレートソース】**
製菓用チョコレート（ビター）　100g
牛乳　大さじ4
植物油　小さじ1

**下準備**

- 卵は室温に戻す。
- チョコレートは細かく刻む。
- バットにオーブンシートを敷く。
- オーブンを180℃に温める。

**作り方**

❶ ボウルにBを入れて泡立て器でぐるぐる混ぜ、卵、油（少しずつ）、ヨーグルト、牛乳の順に加え、そのつどぐるぐるっと混ぜる。
❷ Aをふるい入れ、泡立て器でぐるぐるっと混ぜ、粉っぽさがなくなったらゴムベラで底から返すように混ぜる。
❸ バットに流して平らにならし、180℃のオーブンで25分ほど焼く。
❹ チョコレートソースを作る。ボウルにチョコレートを入れて湯せん（底に60℃の湯をあてる）にかけ、泡立て器で混ぜて溶かす。沸騰直前まで温めた牛乳（少しずつ）、油の順に加えて混ぜ、人肌に冷まし、③が完全に冷めたらかけ、ヘラで全体にのばす。冷蔵室で30分以上休ませる。
＊チョコレートソースは、一度でケーキを覆えなければ、トレイなどに落ちたものを集めて再びかけて

ケーキを網にのせ、下にトレイなどを置き、チョコレートソースを全体にかける。トレイに落ちたチョコは集めて再び上からかけ、ヘラなどできれいにのばして。

# 14.
# ホワイトチョコと ラズベリーのケーキ

## White chocolate & raspberry cake

ミルキーで軽い食感のホワイトチョコレート入りの生地に、
ラズベリーの甘酸っぱさをアクセントにしました。
ラズベリーはグラニュー糖をまぶして色鮮やかにし、
生地を少し焼いてからのせると、沈まずにきれいに仕上がります。

**材料** (20.5×16×深さ3cmのバット1枚分)

製菓用ホワイトチョコレート　100g
植物油　60g
プレーンヨーグルト　20g
卵　2個
グラニュー糖　50g
レモンの皮(ワックス不使用のもの)
のすりおろし　1個分
A 薄力粉　100g
ベーキングパウダー　小さじ1
ラズベリー(冷凍)　20粒
グラニュー糖　小さじ1

**下準備**

- 卵は室温に戻す。
- ラズベリーはグラニュー糖をふり、15分おく。
- ホワイトチョコは細かく刻む。
- バットにオーブンシートを敷く。
- オーブンを180℃に温める。

**作り方**

❶ ボウルにホワイトチョコを入れて湯せん(底に60℃の湯をあてる)にかけ、泡立て器で混ぜて溶かす。油(少しずつ)、ヨーグルトの順に加え、そのつどぐるぐるっと混ぜる。

❷ 別のボウルに卵とグラニュー糖を入れ、泡立て器で1分ほど混ぜる。①を加え、ねっとりするまでぐるぐるっと混ぜ、レモンの皮も加えてよく混ぜる。

❸ Aをふるい入れ、ゴムベラで底から返すようにムラなく混ぜる。

❹ バットに流し、180℃のオーブンで10分焼き、いったん取り出してラズベリーを全体にのせ、さらに20分ほど焼く。

生地を10分焼いて表面が乾いたら、いったん取り出してラズベリーを全体に散らす。中央にかたまらないように均一に、ふちギリギリはふくらんで落ちるので避けて。

# 15. カマンベールとレーズンのケーキ

## Camembert & raisin cake

カマンベールと好相性のはちみつをかければ、ワインのお供にも。
白ワインに漬けたレーズンを混ぜ込み、風味よく焼き上げます。



**材料**（20.5×16×深さ3cmのバット1枚分）

A｜薄力粉　120g
　｜ベーキングパウダー　小さじ1
卵　1個
グラニュー糖　50g
植物油　60g
プレーンヨーグルト　30g
｜レーズン　50g
｜白ワイン　50ml
カマンベールチーズ　½個（50g）
くるみ　20g
仕上げ用のはちみつ　適量

**下準備**

- 卵は室温に戻す。
- レーズンは熱湯を回しかけて水けをふき、白ワインをふって10分おく。
- バットにオーブンシートを敷く。
- オーブンを180℃に温める。

**作り方**

1. ボウルに卵とグラニュー糖を入れ、泡立て器で1分ほど混ぜる。油（少しずつ）、ヨーグルト、レーズン＋白ワインの順に加え、そのつどぐるぐるっと混ぜる。
2. **A**をふるい入れ、ゴムベラで底から返すようにムラなく混ぜる。
3. バットに流して平らにならし、カマンベールを大きめにちぎってのせ、くるみを2〜3等分に割って散らす。180℃のオーブンで20分ほど焼き、食べる時にはちみつをかける。

# FRUITS TRAY BAKE

## Chapter.2　フルーツのトレイベイク

バナナ、レモン、りんご、ベリー…。手軽に手に入って火を通してもおいしいくだものを、トレイベイクにしてみました。上にのせて焼くだけでも、生地となじんで格別な味わい。中に混ぜても火通りがよく、フルーツの水分が生地にほどよく回って美味です。アイシングやクランブル、クリームをプラスすれば、くだもののかわいい表情がさらに引き立ちます。

## 1.
## バナナブレッド
### Banana bread

粉よりもバナナの割合が多い、バナナが濃厚に香るケーキ。
生地に加えるバナナは、水っぽくならないように粗めにつぶし、
トッピング用は、薄く切って火の通りをよくし、より甘く。
粗熱がとれた頃と、翌日のしっとりしたところが食べごろです。

## 2.
## ピーナッツバター
## バナナブレッド

**Peanut butter banana bread**

ピーナッツバターとバナナの両方を生地に混ぜ、上にものせて。
ナッツのコクとバナナの香りが、ぎっしり詰まったケーキです。
重たいイメージのバナナブレッドですが、牛乳を加えて軽めに。
縦割りバナナを長いままのせ、インパクトのある焼き上がりです。

# 1. バナナブレッド

**材料**（20.5×16×深さ3cmのバット1枚分）

A｜薄力粉　130g
　｜ベーキングパウダー　小さじ1
卵　1個
きび砂糖　70g
植物油　50g
プレーンヨーグルト　大さじ1
バナナ　1½本（正味150g）
トッピング用のバナナ　½本（正味50g）

**下準備**

- 卵は室温に戻す。
- バナナは生地用はフォークで粗くつぶし、トッピング用は5mm厚さの輪切りにして12枚分を用意する。
- バットにオーブンシートを敷く。
- オーブンを180℃に温める。

**作り方**

❶ ボウルに卵と砂糖を入れ、泡立て器で1分ほど混ぜる。油（少しずつ）、ヨーグルト、つぶしたバナナの順に加え、そのつどぐるぐるっと混ぜる。
❷ Aをふるい入れ、ゴムベラで底から返すようにムラなく混ぜる。
❸ バットに流して平らにならし、トッピング用のバナナを4×3列にのせ、180℃のオーブンで25分ほど焼く。
＊粗熱がとれたくらいだとふんわり、翌日しっとりしても美味

薄力粉とベーキングパウダーをふるい入れたら、ゴムベラで底から返すようにして、粉っぽさがなくなるまで全体にムラなく混ぜる。

トッピング用のバナナは5mm厚さの輪切りにし、生地をバットに流して平らにならしたあと、4×3列に並べる。バナナは薄く切ることで火がよく入り、甘みが強くなる。

# 2. ピーナッツバターバナナブレッド

**材料**（20.5×16×深さ3cmのバット1枚分）

A｜薄力粉　100g
　｜ベーキングパウダー　小さじ1
卵　1個
きび砂糖　70g
植物油　30g
ピーナッツバター（微糖のもの・粒入り）　50g*
牛乳　50g
バナナ　1本（正味100g）
トッピング用のバナナ　1本（正味100g）
**【ピーナッツペースト】**
ピーナッツバター（微糖のもの・粒入り）　20g*
プレーンヨーグルト　小さじ1
はちみつ　小さじ1
*「スキッピー」を使用

**下準備**

- 卵は室温に戻す。
- バナナは生地用はフォークで粗くつぶし、トッピング用は長いまま縦半分に切る。
- ピーナッツペーストの材料は、スプーンで混ぜておく。
- バットにオーブンシートを敷く。
- オーブンを180℃に温める。

**作り方**

❶ ボウルに卵と砂糖を入れ、泡立て器で1分ほど混ぜる。油（少しずつ）、ピーナッツバター、牛乳、つぶしたバナナの順に加え、そのつどぐるぐるっと混ぜる。
❷ Aをふるい入れ、泡立て器でぐるぐるっと混ぜ、粉っぽさがなくなったらゴムベラで底から返すように混ぜる。
❸ バットに流して平らにならし、トッピング用のバナナを断面を上にしてのせ、ピーナッツペーストをスプーンで7〜8か所に落とす。180℃のオーブンで25分ほど焼く。
*粗熱がとれたくらいだとふんわり、翌日しっとりしても美味

ナッツの香ばしいコクをプラスしてくれる「SKIPPY」のピーナッツバター。今回は、粒入りのチャンクタイプを使用。粒なしでもOK。

生地にバナナをのせたら、ピーナッツペーストをスプーンで全体にバランスよく7〜8か所に落とす。バナナの上にのせてもいい。

# 3.
# レモンケーキ
## Lemon cake

生地にレモンの皮のすりおろしも加えて、さわやかな風味に。
ヨーグルトと牛乳の両方を使った、しっとりと軽いケーキです。
レモンアイシングをかけることで、さらにレモン感を立たせて。
アイシングは水を数滴足し、とろりと落ちるくらいにします。

**材料**（20.5×16×深さ3cmのバット1枚分）

A ｜薄力粉　100g
　｜ベーキングパウダー　小さじ1

卵　1個
グラニュー糖　60g
植物油　60g
プレーンヨーグルト　30g
牛乳　30g
レモン汁　小さじ1
レモンの皮（ワックス不使用のもの）
　のすりおろし　1個分

**【レモンアイシング】**
粉砂糖　30g
レモン汁　小さじ1

粉砂糖とレモン汁をスプーンで混ぜたら、スプーンを水につけてそれをたらすことでかたさを調節し、とろりとしたアイシングを作る。生地が完全に冷めたらスプーンで斜めにかけ、常温で固める。

**下準備**

- 卵は室温に戻す。
- バットにオーブンシートを敷く。
- オーブンを180℃に温める。

**作り方**

❶　ボウルに卵とグラニュー糖を入れ、泡立て器で1分ほど混ぜる。油（少しずつ）、ヨーグルト、牛乳、レモン汁とレモンの皮の順に加え、そのつどぐるぐるっと混ぜる。
❷　Aをふるい入れ、泡立て器でぐるぐるっと混ぜ、粉っぽさがなくなったらゴムベラで底から返すように混ぜる。
❸　バットに流して平らにならし、180℃のオーブンで20分ほど焼く。
❹　レモンアイシングを作る。小さめのボウルに材料を入れてスプーンで混ぜ、水を数滴加えてとろりと落ちるかたさにする。③が完全に冷めたらスプーンで斜めにかける。

＊アイシングに水を数滴加える時は、スプーンを水につけてそれをたらすといい
＊アイシングをかけたら、保存は必ず冷蔵室で

## 4.
## アップルケーキ
### Apple cake

生のりんごをのせて焼く、シンプルなレシピです。
カリッと香ばしいくるみがアクセントに。
りんごは、酸味があって色鮮やかな紅玉がおすすめ。

## 5.
## アップル
## クランブルケーキ
### Apple crumble cake

刻んだりんごとレーズンに、ラム酒をからめて混ぜ込んだ、
フルーツケーキのように香り高いお菓子です。
クランブルのさくさくした食感も、ぜひ楽しんで。

## 6.
## アップルパイ
### Apple pie

バットにりんごや砂糖を入れて混ぜたら、
上からパイ生地をかぶせて、こんがり焼くだけ。
オイル生地なら、パイもとびきり簡単に作れます。

## 7.
## りんごのアップサイド ダウンケーキ
### Apple upside-down cake

底にキャラメルソースとりんごを敷いて生地を流し、
焼き上がったらひっくり返す、タルト・タタン風。
りんごはごく薄めに切って、火の通りをよくします。

FRUITS TRAY BAKE

# 4. アップルケーキ

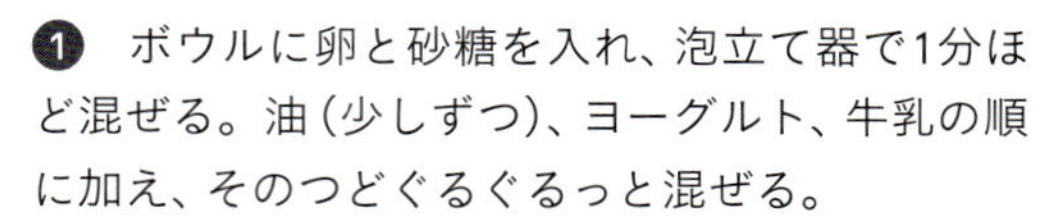

**材 料**（20.5×16×深さ3cmのバット1枚分）

A
- 薄力粉　120g
- ベーキングパウダー　小さじ1
- シナモンパウダー　小さじ½

卵　1個
きび砂糖　70g
植物油　50g
プレーンヨーグルト　50g
牛乳　50g
りんご（あれば紅玉）　1個（200g）
くるみ　20g

**下準備**

- 卵は室温に戻す。
- りんごは皮ごと半分に切り、3mm厚さに切る。
- バットにオーブンシートを敷く。
- オーブンを190℃に温める。

**作り方**

❶ ボウルに卵と砂糖を入れ、泡立て器で1分ほど混ぜる。油（少しずつ）、ヨーグルト、牛乳の順に加え、そのつどぐるぐるっと混ぜる。

❷ Aをふるい入れ、泡立て器でぐるぐるっと混ぜ、粉っぽさがなくなったらゴムベラで底から返すように混ぜる。

❸ バットに流して平らにならし、りんごを少しずつずらしながら重ねて2か所にのせ（35ページ参照）、くるみを半分に割って散らす。190℃のオーブンで25分ほど焼く。

＊りんごはまな板の上で切ったあと、片側に倒して少しずらし、それをカードなどでそっと移動し、ケーキにのせるといい

FRUITS TRAY BAKE

# 5. アップルクランブルケーキ

**材 料**（20.5×16×深さ3cmのバット1枚分）

A
- 薄力粉　120g
- ベーキングパウダー　小さじ1

卵　1個
きび砂糖　70g
植物油　50g
プレーンヨーグルト　50g
牛乳　40g

- りんご（あれば紅玉）　½個（100g）
- レーズン　30g
- ラム酒　大さじ1

**【クランブル】**

B
- 薄力粉　55g
- きび砂糖　20g
- シナモンパウダー　小さじ½

植物油　20g

**下準備**

- りんごは皮をむいて5mm角に切り、レーズンとともにラム酒をふって10分以上おく。
- りんごの切り方以外は、上と同じ。

**作り方**

❶ クランブルを作る。ボウルにBをふるい入れ、油を加えてゴムベラで混ぜ、しっとりしたら指先でそぼろ状にする（**a**）。

❷ 生地の作り方は、上と同じ（Aをふるい入れたあと、粉っぽさが少し残るくらいでりんご＋レーズン＋ラム酒を加えて混ぜる）。バットに流して平らにならし、①を全体に散らし、190℃のオーブンで30分ほど焼く。

a

# 6. アップルパイ

**材料** （20.5×16×深さ3cmのバット1枚分）

**【パイ生地】**

A | 薄力粉　100g
きび砂糖　小さじ2
塩　小さじ1/4
ベーキングパウダー　小さじ1/4

B | 植物油　35g
水　20g

**【フィリング】**

C | りんご（あれば紅玉）　2個（400g）
グラニュー糖　50g
レモン汁　小さじ2
薄力粉　小さじ1 1/2
シナモンパウダー　少々

ココナッツファイン　大さじ1

**下準備**

- りんごは皮ごと1cm厚さのひと口大に切る。
- オーブンを200℃に温める。

**作り方**

a

❶ パイ生地は「パンプキンパイ」（59ページ）の③を参照して作る。ひとまとめにしてオーブンシートにのせ、ラップをかぶせてめん棒で22×20cmにのばす。

❷ フィリングを作る。バットにC（粉とシナモンはふるい入れて）を入れて混ぜ、ココナッツファインをふる（時間をおくと水分が出るので注意）。

❸ ①をラップごとかぶせ（a・オーブンシートは除く）、バットのふちに生地をくっつけ、ラップをはずしてふちをフォークで1周押さえて模様をつけ、まん中にナイフで6か所切り込みを入れる。表面に溶き卵を塗り、グラニュー糖大さじ1（ともに分量外）をふり、200℃のオーブンで30分ほど焼く。



# 7. りんごのアップサイドダウンケーキ

**材料** （20.5×16×深さ3cmのバット1枚分）

A | 薄力粉　100g
ベーキングパウダー　小さじ1
シナモンパウダー　小さじ1/2

卵　1個
グラニュー糖　60g
植物油　60g
プレーンヨーグルト　60g
ラム酒　小さじ1

**【キャラメルソース】**

B | グラニュー糖　60g
水　20g

りんご（あれば紅玉）　1個（200g）

C | グラニュー糖　小さじ2
植物油　大さじ1

a

**下準備**

- 卵は室温に戻す。
- りんごは皮をむき、芯ごと横3mm厚さに切る。
- オーブンを180℃に温める。

**作り方**

❶ キャラメルソースを作る。小鍋にBを入れて中火にかけ、全体が濃いキャラメル色になったら火を止める。バットに広げ、固まったらりんごをすき間なく重ねて並べ（a）、Cを順にふる。

❷ 生地は左ページ「アップルケーキ」を参照して作る（牛乳⇒ラム酒に）。①に流して180℃のオーブンで30分焼く。20分してさわれるくらいバットが冷めたら、ふちに1周ナイフを入れ、皿をかぶせて出す。＊冷ましすぎると出なくなるので注意

# 8.
# ヴィクトリアサンドイッチケーキ２種
## Victoria sandwich cake

バターケーキにジャムをはさんだ、イギリスの伝統的なお菓子を、
オイルで作る新しいケーキ生地にアレンジしました。
天板にコップ1杯の熱湯を加え、軽く蒸し焼きにするのがコツ。
ラズベリージャムやレモンカードをはさんでいただきます。

**ラズベリージャム**
Raspberry jam

**レモンカード**
Lemon curd

**材料**（20.5×16×深さ3cmのバット1枚分）

A | 薄力粉　150g
　| ベーキングパウダー　小さじ1⅓

卵　3個
グラニュー糖　100g
植物油　80g
プレーンヨーグルト　40g
牛乳　40g

**【ラズベリージャム】**
　ラズベリー（冷凍）　80g
　グラニュー糖　40g
　レモン汁　小さじ1

仕上げ用の粉砂糖　適量

**下準備**

・卵は室温に戻す。
・バットにオーブンシートを敷く。
・オーブンを180℃に温める。

**作り方**

❶　ボウルに卵とグラニュー糖を入れ、泡立て器で1分ほど混ぜる。油（少しずつ）、ヨーグルト、牛乳の順に加え、そのつどぐるぐるっと混ぜる。

❷　Aをふるい入れ、泡立て器でぐるぐるっと混ぜ、粉っぽさがなくなったらゴムベラで底から返すように混ぜる。バットに流して（a）平らにならし、オーブンに入れ、天板に熱湯1カップを注ぎ（やけどに注意）、180℃で30分ほど焼く。

❸　ラズベリージャムを作る。深さのある耐熱ボウルに材料を入れ、30分おく。ラップをかけずに電子レンジで2分加熱して混ぜ、さらに2分加熱して（吹きこぼれに注意・b）、冷ます。

❹　②が完全に冷めたら厚みを半分に切り、③を塗ってサンドし、表面に粉砂糖を茶こしでふる。

a

b

## レモンカード

**材料**（左のケーキ1台分）

A | 卵　1個
　| グラニュー糖　50g
　| レモン汁　約1個分（40g）
　| 水　小さじ2
　| レモンの皮（ワックス不使用のもの）
　| 　のすりおろし　1個分
　| コーンスターチ　大さじ½

プレーンヨーグルト　100g＊

＊キッチンペーパーを敷いたざるにのせ、1時間水きりし、50g分を用意する

**作り方**

❶　耐熱ボウルにA（コーンスターチはふるい入れて）を順に入れ、そのつど泡立て器でよく混ぜる。ラップをかけずに電子レンジで1分加熱し、泡立て器で混ぜ、さらに40秒加熱して（表面がふくらんでくるまで・a）混ぜ、ざるでこす。冷めたらヨーグルトを加えて混ぜる。

＊左と同様に焼いた生地（牛乳のあとにレモンの皮のすりおろし1個分を加える）でサンドする

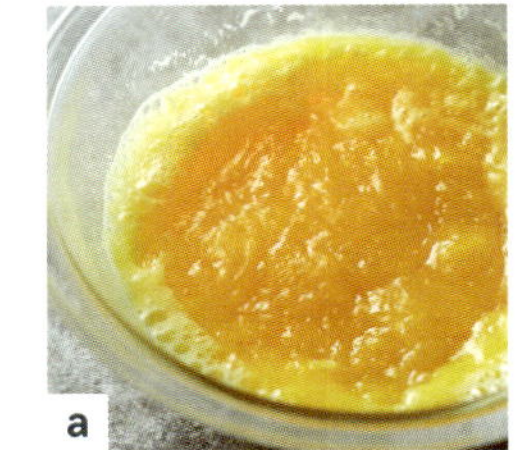
a

# 9.
# ブルーベリーとココナッツのケーキ

**Blueberry & coconut cake**

ココナッツミルクとココナッツ入りのおいしいケーキを
生クリームとベリーで飾った、お気に入りのレシピです。
ココナッツは意外と何とでも相性がいいので、バナナやいちご、
キャラメルクリームやチョコレートソースを合わせても。

**材料**（20.5×16×深さ3cmのバット1枚分）

A｜薄力粉　100g
　｜ベーキングパウダー　小さじ1

卵　2個
きび砂糖　100g
植物油　50g
ココナッツミルク　100g
ココナッツファイン　50g

**【ホイップクリーム】**

B｜生クリーム　150ml
　｜グラニュー糖　小さじ2

ブルーベリー（冷凍でもOK）　15粒
レモンの皮（ワックス不使用のもの）
　をピーラーでむいたもの　適量

**下準備**

- 卵は室温に戻す。
- バットにオーブンシートを敷く。
- オーブンを180℃に温める。

**作り方**

❶ ボウルに卵と砂糖を入れ、泡立て器で1分ほど混ぜる。油（少しずつ）、ココナッツミルクの順に加え、そのつどぐるぐるっと混ぜる。

❷ **A**をふるい入れ、泡立て器でぐるぐるっと混ぜ、粉っぽさが少し残るくらいでココナッツファインを加え、ゴムベラで底から返すように混ぜる。

❸ バットに流して平らにならし、180℃のオーブンで30分ほど焼く。

❹ ホイップクリームの材料**B**をボウルに入れ、ツノが立つまで泡立てる（九分立て）。③が完全に冷めたら表面にスプーンで塗り広げ、ブルーベリーとレモンの皮を散らす。

ココヤシの種子の胚乳を削り、煮出して絞ったココナッツミルク。マフィンなどに加える牛乳の半量をこれに置き換えると、コクが出て、しっとりとした生地になる。

ココナッツの果肉を細かく削り、乾燥させたココナッツファイン。クッキーやグラノーラ、かぼちゃのお菓子に加えてもよく合う。（富）⇒入手先は88ページ

# 10. 紅茶とベリーのシフォンケーキ

## Tea & berries chiffon cake

茶葉ごと加えたアールグレイが香る、
ふわふわシフォンケーキ。粉砂糖をふってから
ベリーをのせ、ベリーが沈まないようにします。



**材料** (20.5×16×深さ3cmのバット1枚分)

A
- 薄力粉　60g
- ベーキングパウダー　小さじ½

B
- 卵黄　2個分
- グラニュー糖　40g
- 植物油　20g

紅茶の葉（ティーバッグ・アールグレイ）
　2袋（4g）

水　50ml

C
- 卵白　2個分
- グラニュー糖　20g

粉砂糖　大さじ2

ラズベリー、ブルーベリー（冷凍でもOK）
　合わせて50g

**下準備**

- 紅茶液は、右ページの下準備を参照して作る。
- バットにオーブンシートを敷く。
- オーブンを180℃に温める。

**作り方**

❶ ボウルにBと紅茶液（茶葉ごと）を入れ、泡立て器でぐるぐるっと混ぜる。

❷ 別のボウルにCを入れ、ハンドミキサーの高速で泡立て、ピンとツノが立つメレンゲを作る（61ページ参照）。

❸ ①にAの半量をふるい入れ、泡立て器でぐるぐるっと混ぜ、②のメレンゲの半量を加え、泡立て器でさっくりと混ぜる。残りのA（ふるい入れて）、残りのメレンゲの順に加え、そのつどゴムベラで底から返すように混ぜる。

❹ バットに流して平らにならし、粉砂糖を茶こしで全体にふってベリー類（冷凍なら凍ったまま）をのせ、180℃のオーブンで30分ほど焼く。焼き上がったらすぐに10cmの高さから台に落とし、中の空気を抜く。

**材料**（20.5×16×深さ3cmのバット1枚分）

A
- 薄力粉　100g
- ベーキングパウダー　小さじ1

卵　1個
グラニュー糖　80g
植物油　70g
プレーンヨーグルト　30g
レモンの皮（ワックス不使用のもの）
のすりおろし　½個分

- 紅茶の葉（ティーバッグ・アールグレイ）
  2袋（4g）
- 水　50ml

**【レモンのシロップ漬け】**
21ページ参照

**下準備**

- 卵は室温に戻す。
- 耐熱容器に紅茶の葉（ティーバッグから出す）と水を入れ、ラップをかけずに電子レンジで50秒加熱し、ラップをかけて5分蒸らし、粗熱をとる。
- バットにオーブンシートを敷く。
- オーブンを180℃に温める。

**作り方**

❶ ボウルに卵とグラニュー糖を入れ、泡立て器で1分ほど混ぜる。油（少しずつ）、ヨーグルト、レモンの皮の順に加え、そのつどぐるぐるっと混ぜ、紅茶液（茶葉ごと）も加えて混ぜる。

❷ Aをふるい入れ、泡立て器でぐるぐるっと混ぜ、粉っぽさがなくなったらゴムベラで底から返すように混ぜる。

❸ バットに流して平らにならし、180℃のオーブンで20分ほど焼く。熱いうちにレモンのシロップ漬けを4×3列にのせる。

# 11.
# 紅茶とレモンのケーキ
## Tea & lemon cake

紅茶生地とレモンのシロップ漬けで、
レモンティー風味のケーキ。
レモンは焼きたてにのせ、
甘酸っぱさをしみ込ませて。

# 12.
# 黄桃のコブラー
## Yellow peach cobbler

黄桃入りのとろみのあるフィリングで作る、アメリカの焼き菓子。
コブラー生地は少し薄くして焼くことで、さくさくの食感に。



**材 料** (20.5×16×深さ3cmのバット1枚分)

A
- 薄力粉　60g
- きび砂糖　20g
- 塩　ひとつまみ
- ベーキングパウダー　小さじ½

B
- プレーンヨーグルト　15g
- 牛乳　15g
- 植物油　15g

**【フィリング】**

黄桃(缶詰・半割り)　4切れ

C
- 黄桃缶のシロップ　120g
- きび砂糖　20g
- レモン汁　小さじ2
- コーンスターチ　大さじ1

**下準備**

- 黄桃はひと口大に切る。

**作り方**

❶ フィリングを作る。耐熱ボウルにC(コーンスターチはふるい入れて)を順に入れて泡立て器で混ぜ、黄桃を加えてゴムベラで混ぜる。ラップをかけずに電子レンジで1分加熱して混ぜ、さらに40秒加熱してバットに流し、粗熱をとる。オーブンを200℃に温める。

❷ ボウルにBを入れ、泡立て器でとろりとするまで混ぜ、Aをふるい入れ、カードで切り混ぜる。粉っぽさがなくなったらカードで半分に切っては重ねるのを3〜4回くり返し、ひとまとめにする。

❸ ①に②をスプーンで10か所に落とし、軽く押さえてつぶし(a)、200℃のオーブンで25分ほど焼く。スプーンですくって食べる。

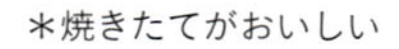

＊焼きたてがおいしい

a

# VEGETABLE TRAY BAKE

## Chapter.3 野菜のトレイベイク

材料をごくシンプルにおさえることで野菜の持ち味を生かした、ヘルシーなトレイベイクです。少し重たくなりがちなかぼちゃやさつまいもは、粉の量を減らしたり、メレンゲを加えて口溶けよく。にんじんにはアーモンドパウダーを合わせてコクを出し、しょうがは黒糖やはちみつを加えて味わい深くしました。砂糖をしっかりめに加えると、野菜のくせがやわらぎます。

# 1.
# キャロットケーキ
## Carrot cake

ナッツやドライフルーツがたっぷり入ったタイプとは異なる、
アーモンドパウダーのみでコクを加えた、きめ細かなケーキです。
くるみやレーズンを加えても、もちろんおいしい。
フロスティングは、ヨーグルトを入れることで軽さを出します。

## 2.
## パンプキンケーキ
### Pumpkin cake

かぼちゃはペースト状にしたあと、まず砂糖をよく混ぜてから
残りの材料を加えていくと、なめらかな生地に仕上がります。
鮮やかなパンプキンイエローに、かぼちゃの種をアクセントに。
刻んだローズマリーを混ぜて焼くのもおすすめです。

# 1. キャロットケーキ

**材料**（20.5×16×深さ3cmのバット1枚分）

A｜薄力粉　100g
　｜ベーキングパウダー　小さじ1½
　｜シナモンパウダー　小さじ½
卵　2個
きび砂糖　90g
植物油　80g
にんじん　1本（正味150g）
アーモンドパウダー　50g
**【フロスティング】**
クリームチーズ　100g
粉砂糖　20g
プレーンヨーグルト　30g

**下準備**

- 卵とクリームチーズは室温に戻す。
- にんじんは皮をむいてすりおろす。
- バットにオーブンシートを敷く。
- オーブンを180℃に温める。

**作り方**

❶　ボウルに卵と砂糖を入れ、泡立て器で1分ほど混ぜる。油（少しずつ）、にんじん、アーモンドパウダーの順に加え、そのつどぐるぐるっと混ぜる。
❷　Aをふるい入れ、ゴムベラで底から返すようにムラなく混ぜる。
❸　バットに流し、180℃のオーブンで30分ほど焼く。
❹　フロスティングを作る。ボウルにやわらかくしたクリームチーズ、粉砂糖を入れて泡立て器でクリーム状に練り、ヨーグルトを加えてなめらかに混ぜる。③が完全に冷めたらスプーンで塗り広げる。

ボウルに卵と砂糖を入れて混ぜ、油を少しずつ加えたら、すりおろしたにんじんを加えて泡立て器でぐるぐるっと混ぜる。にんじんの水分で、生地がしっとりと焼き上がる。

ケーキの上に塗るフロスティングは、クリームチーズと粉砂糖にヨーグルトを加え、泡立て器でなめらかに混ぜる。ヨーグルトが入ることで、ぐっと軽い味わいに。

# 2. パンプキンケーキ

**材料**（20.5×16×深さ3cmのバット1枚分）

A
- 薄力粉　100g
- ベーキングパウダー　小さじ1
- シナモンパウダー　小さじ½

かぼちゃ　約⅛個（200g）
きび砂糖　100g
植物油　50g
プレーンヨーグルト　大さじ1
卵　1個
かぼちゃの種　18粒

**下準備**

・卵は室温に戻す。
・バットにオーブンシートを敷く。

**作り方**

❶ かぼちゃは種とワタを除き、3〜4cm角に切って水にくぐらせ、耐熱皿にのせてラップをかけ、電子レンジで3〜4分加熱する。皮を除いて熱いうちにスプーンで細かくつぶし、100g分を用意する。オーブンを180℃に温める。

❷ ボウルに①を入れ、砂糖、油、ヨーグルト、卵の順に加え、そのつど泡立て器でぐるぐるっと混ぜる。Aをふるい入れ、ゴムベラで底から返すようにムラなく混ぜる。

❸ バットに流して平らにならし、かぼちゃの種を散らし、180℃のオーブンで25分ほど焼く。

かぼちゃの種は食感がよく、鮮やかなグリーンの色みがかわいいナッツ。グラノーラバー（73ページ）などのクッキーに加えてもおいしい。

かぼちゃは耐熱皿にのせ、ラップをかけて電子レンジで3〜4分加熱し、皮を除いて熱いうちにスプーンで細かくつぶす。これを多めに作り、冷凍しておいてもいい。

# 3.
# パンプキンパイ

**Pumpkin pie**

かぼちゃのおいしさをそのままとじ込めたフィリングに、
スパイスとラム酒をほんのりきかせるのがポイントです。
オイルで作るパイ生地なら、軽やかな焼き上がり。
生地を切っては重ねることで層を作り、さくっとした食感にします。

**材料**（20.5×16×深さ3cmのバット1枚分）

**【パイ生地】**

A
- 薄力粉　120g
- きび砂糖　10g
- 塩　小さじ1/4
- ベーキングパウダー　小さじ1/4

B
- 植物油　40g
- 水　25g

**【フィリング】**

- かぼちゃ　約1/3個(600g)
- きび砂糖　80g
- 卵　1個
- カルダモン(またはシナモン)パウダー　小さじ1
- 牛乳　大さじ2
- 植物油　小さじ2
- コーンスターチ　小さじ2
- ラム酒　小さじ2

ツヤ出し用の溶き卵、生クリーム　各適量

**下準備**

・卵は室温に戻す。
・コーンスターチとラム酒は混ぜておく。

**作り方**

❶ フィリングを作る。かぼちゃは種とワタを除き、4〜5cm角に切って水にくぐらせ、耐熱皿にのせてラップをかけ、電子レンジで8分加熱する。皮を除いて熱いうちにスプーンで細かくつぶし、300g分を用意する。オーブンを200℃に温める。

❷ ボウルにフィリングの材料を順に入れ、そのつど泡立て器でよく混ぜ、粗熱をとる。

❸ パイ生地を作る。ボウルに**B**を入れ、泡立て器でとろりとするまで混ぜ、**A**をふるい入れ、カードでまわりの粉をかぶせるようにし、半分くらいなじんだら切るように混ぜる。粉っぽさがなくなったら、カードで半分に切っては重ねるのを3〜4回くり返す。

❹ ひとまとめにしてオーブンシートにのせ、ラップをかぶせてめん棒で25×22cmにのばし、ラップごとバットにのせて敷き込む(オーブンシートは除く)。バットのふちに生地をくっつけ、ラップをはずしてふちをフォークで1周押さえて模様をつけ、底全体にフォークで穴をあける。

❺ ②を流してゴムベラで凹凸をつけ、ふちに卵を塗り、200℃のオーブンで30分ほど焼く。好みで泡立てた生クリームを添える。

油と水に粉類をふるい入れたら、カードでまわりの粉をかぶせるようにして混ぜ、半分くらいなじんだら、さくさくと切るようにして混ぜる。

台にくっつかないようにオーブンシートに生地をのせ、ラップをかぶせてめん棒でのばしたら、ラップごとバットにのせ、上から指で押して角にも敷き込む。

まわりにはみ出た生地は、バットのふちにくっつけてまとめ、フォークで1周押さえつけて模様をつける。

# 4.
# スイートポテトケーキ
## Sweet potato cake

さつまいものスフレをイメージして作ったケーキです。
つぶしたさつまいもに、はちみつを加えてしっとりさせ、
卵1個分のメレンゲを混ぜ、ふんわりと軽い食感にします。
仕上げのはちみつは、メープルシロップでもおいしい。

**材料**（20.5×16×深さ3cmのバット1枚分）

A | 薄力粉　80g
　ベーキングパウダー　小さじ½
　シナモンパウダー　小さじ½

さつまいも　1本（200g）
グラニュー糖　30g
はちみつ　20g
牛乳　30g
卵　1個
卵黄　1個分
植物油　30g

B | 卵白　1個分
　グラニュー糖　20g

仕上げ用のはちみつ、シナモンパウダー
各適量

**下準備**

・バットにオーブンシートを敷く。

**作り方**

❶ さつまいもは皮つきのまま丸ごとナイフで5～6か所切り目を入れ、水にくぐらせ、ラップで包んで電子レンジで5分加熱する。皮を除いて熱いうちにフォークで細かくつぶし、160g分を用意する。オーブンを180℃に温める。

❷ ボウルに①、グラニュー糖、はちみつを入れてゴムベラでよく混ぜ、牛乳、卵、卵黄、油の順に加え、そのつど泡立て器でぐるぐるっと混ぜる。

❸ 別のボウルにBを入れ、ハンドミキサーの高速で泡立て、ピンとツノが立つメレンゲを作る。②にこのメレンゲの半量、Aの半量（ふるい入れて）、残りのメレンゲ、残りのA（ふるい入れて）の順に加え、そのつどゴムベラで底から返すように混ぜる。

❹ バットに流して平らにならし、180℃のオーブンで25分ほど焼く。食べる時にはちみつとシナモンをかける。

卵白にグラニュー糖を加えてハンドミキサーの高速で泡立て、ピンとしっかりツノが立つメレンゲを作る。小さめのボウルのほうが、早く泡立つのでおすすめ。

さつまいもペーストのボウルにまずメレンゲを半量加え、ゴムベラで底から返すように混ぜる。メレンゲの泡をつぶさないように、さっくりと混ぜるのがポイント。

続けて粉類の半量をふるい入れ、ゴムベラで底から返すようにさっくりと混ぜる。残りのメレンゲ、残りの粉類の順に加え、そのつど同様に混ぜていって。

# 5.
# ジンジャーブレッド
## Gingerbread

生地にもアイシングにも、しょうがをピリッときかせました。
黒糖やはちみつ、全粒粉の香りも加わり、奥行きのある味わい。



**材料**（20.5×16×深さ3cmのバット1枚分）

A
- 薄力粉　110g
- 全粒粉　50g
- ベーキングパウダー　小さじ1
- シナモンパウダー　小さじ½

B
- プレーンヨーグルト　80g
- 牛乳　80g
- 黒砂糖（粉末のもの）　50g
- 植物油　30g
- はちみつ　20g
- しょうがの絞り汁　小さじ2

**【ジンジャーアイシング】**
- 粉砂糖　30g
- しょうがの絞り汁　小さじ1

**下準備**
- バットにオーブンシートを敷く。
- オーブンを180℃に温める。

**作り方**

❶ ボウルに**B**を入れ、泡立て器でとろりとするまで混ぜる。**A**をふるい入れてぐるぐるっと混ぜ、粉っぽさがなくなったら、ゴムベラで底から返すように混ぜる。

❷ バットに流して平らにならし、180℃のオーブンで25分ほど焼く。

❸ ジンジャーアイシングを作る。小さめのボウルに材料を入れてスプーンで混ぜ、水を数滴加えてとろりと落ちるかたさにする。②が完全に冷めたらスプーンで斜めにかける。

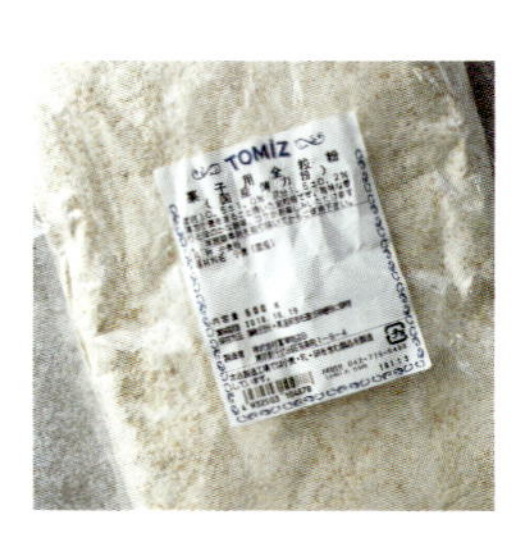


小麦を表皮（ふすま）、胚芽ごとひいた全粒粉。お菓子に素朴な風味が加わる。薄力粉、強力粉タイプのどちらでもOK。「菓子用全粒粉」（富）⇒入手先は88ページ

# NUTS & DRIED FRUITS TRAY BAKE

## Chapter.4 ナッツとドライフルーツのトレイベイク

ナッツの食感、ドライフルーツの甘酸っぱさが、ふんだんに楽しめるケーキを集めました。ドライフルーツはヨーグルトに漬けてから加えると、やわらかくなり、ヨーグルトにはその風味が移って、ケーキ全体にフルーツのおいしさが広がります。この章では多くの生地にアーモンドパウダーを使い、コクのある味わいにしました。

# 1.
# コーヒーとくるみのケーキ
## Coffee & walnut cake

インスタントコーヒーを練り込んだほろ苦い生地に、
モカクリームをたっぷりのせた、コーヒーづくしのケーキです。
クリームは絞り出さずに、スプーンでぽんぽんと落とすだけ。
くるみは生地にも混ぜて、香ばしさと食感をプラスします。

## 2.
## アーモンドのケーキ
### Almond cake

卵白にアーモンドパウダーをふんだんに加えた、
白い生地が美しい、フィナンシェ風のケーキ。
食感は、むちっとふんわり、軽い口あたりです。

## 3.
## プルーンと赤ワインのケーキ
### Prune & red wine cake

卵を使わない、やや重量感のある生地に、
プルーンのピューレを加えて、深みのある味わいに。
上にのせるプルーンは広げるようにし、汁を生地にしみ込ませます。

# 1. コーヒーとくるみのケーキ

**材料**（20.5×16×深さ3cmのバット1枚分）

A
- 薄力粉　120g
- ベーキングパウダー　小さじ1

卵　2個
きび砂糖　90g
植物油　80g
プレーンヨーグルト　80g

- インスタントコーヒー（粉末のもの）　小さじ2
- 水　小さじ1

アーモンドパウダー　20g
くるみ　20g

**【モカクリーム】**
- 生クリーム　200ml
- きび砂糖　20g
- インスタントコーヒー（粉末のもの）　小さじ2

トッピング用のくるみ　適量

**下準備**

・卵は室温に戻す。
・くるみはフライパンの弱火でからいりし、粗く刻む。
・コーヒーと水は混ぜておく。
・バットにオーブンシートを敷く。
・オーブンを180℃に温める。

**作り方**

❶ ボウルに卵と砂糖を入れ、泡立て器で1分ほど混ぜる。油（少しずつ）、ヨーグルト、コーヒー＋水、アーモンドパウダーの順に加え、そのつどぐるぐるっと混ぜる。

❷ Aをふるい入れ、泡立て器でぐるぐるっと混ぜ、粉っぽさが少し残るくらいでくるみを加え、ゴムベラで底から返すように混ぜる。

❸ バットに流して平らにならし、180℃のオーブンで25分ほど焼く。

❹ モカクリームの材料をボウルに入れ、軽くツノが立つまで泡立てる（八〜九分立て）。③が完全に冷めたら表面に大さじで4×4列に落とし、食べる時にトッピング用のくるみを散らす。

＊くるみはカリカリ感を生かしたいので、食べる時にのせて

生地に粉類を加えて泡立て器でぐるぐるっと混ぜたら、粉っぽさが少し残るくらいでくるみを加える。ゴムベラに持ち替え、底から返すようにして全体にムラなく混ぜて。

# 2. アーモンドのケーキ

**材 料**（20.5×16×深さ3cmのバット1枚分）

A
- 薄力粉　50g
- ベーキングパウダー　小さじ½

B
- 卵白　3個分
- グラニュー糖　80g
- はちみつ　20g

植物油　50g
プレーンヨーグルト　20g
アーモンドパウダー　50g
アーモンド（ホール）　30g

**下準備**

- 卵白は室温に戻す。
- アーモンドは2〜3等分に切る。
- バットにオーブンシートを敷く。
- オーブンを180℃に温める。

**作り方**

❶ ボウルにBを入れ、泡立て器で1分ほど混ぜる。油（少しずつ）、ヨーグルト、アーモンドパウダーの順に加え、そのつどぐるぐるっと混ぜる。
❷ Aをふるい入れ、泡立て器でぐるぐるっと混ぜ、粉っぽさがなくなったらゴムベラで底から返すように混ぜる。
❸ バットに流して平らにならし、アーモンドを散らし、180℃のオーブンで20分ほど焼く。

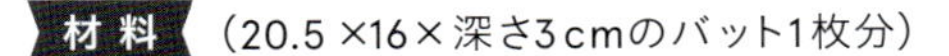



# 3. プルーンと赤ワインのケーキ

**材 料**（20.5×16×深さ3cmのバット1枚分）

A
- 薄力粉　100g
- 全粒粉　50g
- ベーキングパウダー　小さじ1

B
- きび砂糖　40g
- 植物油　20g
- 水　20g

**【プルーンの赤ワイン煮】**
ドライプルーン（種抜き）　100g
赤ワイン　200g
はちみつ　30g
シナモンパウダー　小さじ⅓

**下準備**

- バットにオーブンシートを敷く。

**作り方**

❶ プルーンの赤ワイン煮を作る。鍋に材料を入れて中火にかけ、煮汁が半量になるまで5分煮詰める。完全に冷めたらプルーンを7〜8個取り分け、残り（170g）をフードプロセッサーにかけてピューレ状にする（a）。オーブンを180℃に温める。
❷ ボウルにBを入れて泡立て器でなじむまで混ぜ、①のピューレを加えてさらによく混ぜる。Aをふるい入れ、泡立て器でぐるぐるっと混ぜ、粉っぽさがなくなったらゴムベラで底から返すように混ぜる。
❸ バットに流して平らにならし、残りのプルーン煮を広げるようにしてのせ、180℃のオーブンで25分ほど焼く。

a

## 4.
# いちじくとキャラメルのケーキ
## Dried fig & caramel cake

キャラメルクリームを生地に混ぜ込み、仕上げにもかけた、
ほろ苦いキャラメル味が口いっぱいに広がるケーキです。
ドライいちじくはヨーグルトに漬け、やわらかくして加えて。
レーズンやドライアプリコットでもおいしく作れます。

**材料**（20.5×16×深さ3cmのバット1枚分）

A
- 薄力粉　100g
- ベーキングパウダー　小さじ1
- シナモンパウダー　小さじ1/4

卵　2個
きび砂糖　60g
植物油　70g
- ドライいちじく　70g
- プレーンヨーグルト　40g

アーモンドパウダー　20g

**【キャラメルクリーム】**
グラニュー糖　40g
はちみつ　10g
生クリーム　50ml

**下準備**

- 卵は室温に戻す。
- ドライいちじくは1.5cm角に切り、ヨーグルトに加えて10分おく。
- バットにオーブンシートを敷く。

**作り方**

❶ キャラメルクリームを作る。小鍋にグラニュー糖とはちみつを入れて中火にかけ、ふちから色づいてきたら鍋を回して混ぜ、全体が濃いキャラメル色になったら火を止める。生クリームを少しずつ加えて（沸き上がってくるので注意）泡立て器で混ぜ、弱火で30秒ほど煮詰め、粗熱をとる。オーブンを180℃に温める。

❷ ボウルに卵と砂糖を入れ、泡立て器で1分ほど混ぜる。油（少しずつ）、①を50g分、いちじく＋ヨーグルト、アーモンドパウダーの順に加え、そのつどぐるぐるっと混ぜる。

❸ Aをふるい入れ、ゴムベラで底から返すようにムラなく混ぜる。

❹ バットに流して平らにならし、180℃のオーブンで25分ほど焼く。食べる時に残りの①をかける。

ドライいちじくはヨーグルトに10分漬けることでやわらかくなり、ヨーグルトにはいちじくの風味が移り、生地全体にいきわたる。「干いちじくトルコ産大粒」（富）⇒入手先は88ページ

小鍋にグラニュー糖とはちみつを入れて中火にかけ、混ぜずに鍋を揺らしながらこがし、全体が濃いキャラメル色になったら火を止める。少し煙が出てくるのも目印。

こがしたキャラメルに生クリームを少しずつ加えて混ぜ、弱火で30秒ほど煮詰める。粗熱がとれると、とろりとしたキャラメルクリームになる。

# 5. ドライクランベリーとピスタチオのケーキ

## Dried cranberry & pistachio cake

断面に現れるクランベリーの赤、ピスタチオのグリーンが色鮮やか。
焼けたマシュマロのさっくりとした食感も新鮮です。



**材料**（20.5×16×深さ3cmのバット1枚分）

A｜薄力粉　120g
　｜ベーキングパウダー　小さじ1
卵　2個
グラニュー糖　80g
植物油　80g
｜プレーンヨーグルト　80g
｜ドライクランベリー　40g
レモンの皮（ワックス不使用のもの）
　のすりおろし　½個分
アーモンドパウダー　20g
ピスタチオ　20g
ミニマシュマロ　15g

**下準備**

- 卵は室温に戻す。
- ドライクランベリーは熱湯を回しかけて水けをふき、ヨーグルトに加えて10分おく（**a**）。
- ピスタチオは粗く刻む。
- バットにオーブンシートを敷く。
- オーブンを180℃に温める。

**作り方**

❶ ボウルに卵とグラニュー糖を入れ、泡立て器で1分ほど混ぜる。油（少しずつ）、ヨーグルト＋クランベリー、レモンの皮、アーモンドパウダーの順に加え、そのつどぐるぐるっと混ぜる。
❷ **A**をふるい入れ、泡立て器でぐるぐるっと混ぜ、粉っぽさがなくなったらゴムベラで底から返すように混ぜる。
❸ バットに流して平らにならし、ピスタチオとマシュマロを全体にのせ、180℃のオーブンで25分ほど焼く。
＊焼きたてがおいしい

a

# COOKIE & TART TRAY BAKE

## Chapter.5 クッキーとタルトのトレイベイク

バットを型がわりに使うトレイベイクなら、クッキーもタルトもとても手軽に作ることができます。生地をバットにちぎり入れ、手で平らにして焼くだけ。めん棒でのばす必要や、バター入りの生地と違ってダレる心配がなく、扱いがラクなのも大きな魅力です。クッキーとタルトの生地の配合は、実はほぼ同じ。豪華なタルトも、思い立ったらすぐに試せます。

## 1.
## くるみのクッキー
### Walnut cookie

からいりしたくるみのカリッとした食感と、
さくさくの生地が口いっぱいに広がります。
インスタントコーヒー小さじ1を加えても。

## 2.
## チョコチップクッキー
### Chocolate chip cookie

焼いても形が崩れない、チョコチップを使いました。
チョコの甘さのぶん、砂糖は少し控えめにして。
刻んだビターの板チョコで作ってもおいしいです。

## 3.
## オートミールクッキー
**Oatmeal cookie**

オートミールとレーズンを混ぜ込んだ、
アメリカンクッキーの定番の一枚です。
ヨーグルトで生地に一体感を出すのがポイント。

## 4.
## グラノーラバー
**Granola bar**

オートミールのざくざくした食感に、
アーモンドとココナッツでコクをプラスしました。
朝食や持ち歩き用のお菓子にもぴったりです。

# 1. くるみのクッキー

**材料**（20.5×16×深さ3cmのバット1枚分）

A
- 薄力粉　80g
- きび砂糖　25g
- 塩　ひとつまみ
- ベーキングパウダー　ひとつまみ

B
- 植物油　30g
- 牛乳　15g

くるみ　30g

**下準備**

- くるみはフライパンの弱火でからいりし、粗く刻む。
- バットにオーブンシートを敷く。
- オーブンを180℃に温める。

**作り方**

❶ ボウルにBを入れ、泡立て器でとろりとするまで混ぜ(a)、Aをふるい入れ、カードで切るように混ぜる(b)。半分くらい混ざったらくるみを加え、カードでボウルに押しつけるようにしてなめらかにする。

❷ 粉っぽさがなくなったら、カードで半分に切っては重ねるのを3〜4回くり返す(c)。

❸ ひとまとめにし、10個にちぎってバットに入れ、手で押して(d)平らにならし、180℃のオーブンで25分ほど焼く。粗熱がとれたら、ナイフで好みの大きさに切る。

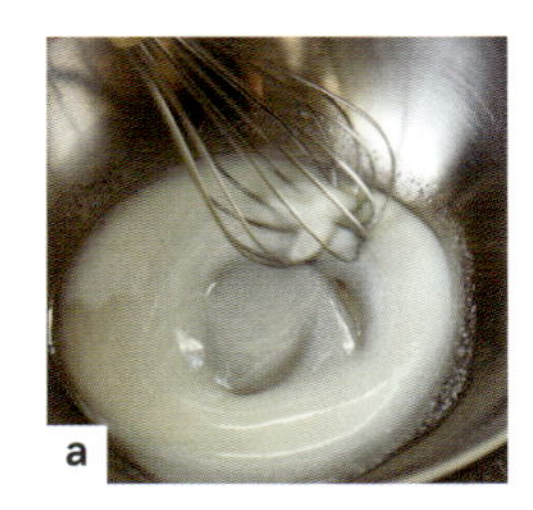
a

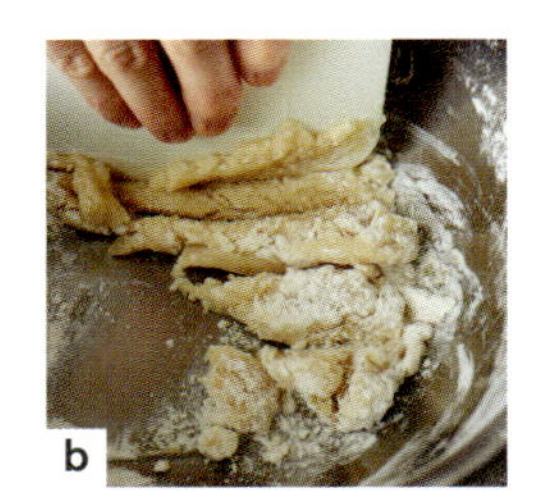
b

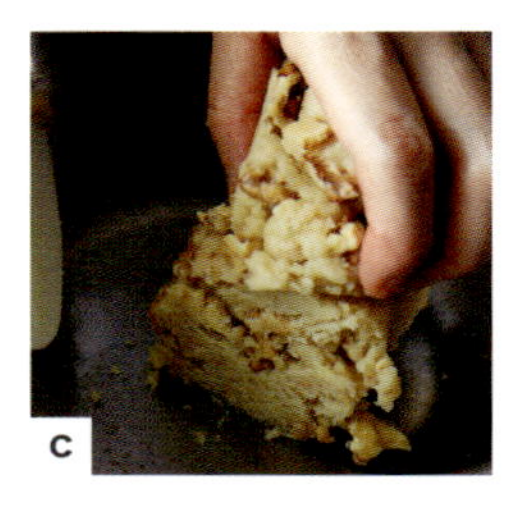
c

d



# 2. チョコチップクッキー

**材料**（20.5×16×深さ3cmのバット1枚分）

A
- 薄力粉　80g
- きび砂糖　20g
- ベーキングパウダー　ひとつまみ

B
- 植物油　30g
- 牛乳　15g

チョコチップ　30g

**下準備**

- バットにオーブンシートを敷く。
- オーブンを180℃に温める。

**作り方**

❶ 作り方は、上と同じ（くるみのかわりにチョコチップを加える）。粗熱がとれたら、ナイフで好みの大きさに切る。

# 3. オートミールクッキー

**材料**（20.5×16×深さ3cmのバット1枚分）

A
- 薄力粉　70g
- きび砂糖　15g
- ベーキングパウダー　小さじ1/4
- シナモンパウダー　少々

B
- 植物油　30g
- プレーンヨーグルト　30g

C
- オートミール　30g
- レーズン　30g

**下準備**

- レーズンは粗く刻む。
- バットにオーブンシートを敷く。
- オーブンを180℃に温める。

**作り方**

❶ ボウルにBを入れ、泡立て器でとろりとするまで混ぜ、Cを加えてぐるぐるっと混ぜる。Aをふるい入れ、カードで切るように混ぜ、カードでボウルに押しつけるようにしてなめらかにする。

❷ 粉っぽさがなくなったら、カードで半分に切っては重ねるのを3〜4回くり返す。

❸ ひとまとめにし、10個にちぎってバットに入れ、手で押して平らにならし、180℃のオーブンで25分ほど焼く。粗熱がとれたら、ナイフで好みの大きさに切る。

オーツ麦を食べやすく加工したオートミール。ざくざくとした独特の食感が、くせになるおいしさ。「アララ オーガニックジャンボオーツ」(富)⇒入手先は88ページ



# 4. グラノーラバー

**材料**（20.5×16×深さ3cmのバット1枚分）

A
- 薄力粉　50g
- ベーキングパウダー　ひとつまみ

B
- オートミール　30g
- スライスアーモンド　30g
- ココナッツファイン　30g

C
- メープルシロップ　30g
- 植物油　30g

ドライクランベリー　30g

**下準備**

- バットにオーブンシートを敷く。
- オーブンを180℃に温める。

**作り方**

❶ ボウルにCを入れて泡立て器でよく混ぜ、クランベリーも加えて混ぜる。B、A（ふるい入れて）を加え、カードで切り混ぜる。

❷ 粉っぽさがなくなってもろもろしたらバットに入れ、手で押して平らにならし、180℃のオーブンで30分ほど焼く。粗熱がとれたら、ナイフで好みの大きさに切る。

## 5.
## ショートブレッド3種
## Shortbread

本来はバターがたっぷり入った
イギリスの伝統菓子ですが、
オイル生地でもカードで切り重ねることで、
歯切れのよい仕上がりになります。
厚みがあるので、じっくり火を通すのが大切です。

# プレーン

**材料**（20.5×16×深さ3cmのバット1枚分）

A｜薄力粉　150g
きび砂糖　40g
塩　ひとつまみ
ベーキングパウダー　小さじ¼

B｜植物油　60g
牛乳　20g
バニラオイル　少々

**下準備**

・バットにオーブンシートを敷く。
・オーブンを170℃に温める。

**作り方**

❶ ボウルにBを入れ、泡立て器でとろりとするまで混ぜ、Aをふるい入れ、カードで切るように混ぜる。
❷ 粉っぽさがなくなったら、カードで半分に切っては重ねるのを3〜4回くり返す。
❸ ひとまとめにし、10個にちぎってバットに入れ、手で押して(a)平らにならし、カードで2×8列に切り目を入れる(b)。竹串で2×5列に穴をあけ、170℃のオーブンで35分ほど焼き、粗熱がとれたら切り目にそってナイフで切り分ける。

a

b

# ジンジャーレモン

**材料**（20.5×16×深さ3cmのバット1枚分）

A｜上と同じ（きび砂糖は50g）

B｜植物油　60g
牛乳　10g
しょうがの絞り汁　10g

レモンの皮（ワックス不使用のもの）
のすりおろし　½個分

＊作り方は上と同じ（Aのあとレモンの皮を加えて混ぜる）。冷めたらジンジャーアイシング（62ページ）を半分につける

# ごま

**材料**（20.5×16×深さ3cmのバット1枚分）

A｜上と同じ（きび砂糖は50g）

B｜上と同じ（バニラオイルはなし）

白いりごま、黒いりごま　合わせて15g

＊作り方は上と同じ（Aが半分くらい混ざったら、ごまを加えて混ぜる）

# 6. フラップジャック

## Flapjack

オートミール、ナッツ、ドライフルーツなどで作る英国のお茶菓子。
オートミールの歯ごたえ、ココナッツの風味があとを引きます。



**材料**（20.5×16×深さ3cmのバット1枚分）

A
- オートミール　60g
- ココナッツファイン　30g
- 薄力粉　30g
- きび砂糖　10g
- シナモンパウダー　小さじ1/4
- ベーキングパウダー　ひとつまみ
- 塩　ひとつまみ

B
- 植物油　40g
- はちみつ　10g
- プレーンヨーグルト　10g

**下準備**

- Aはビニール袋などに入れ、ふって混ぜておく。
- バットにオーブンシートを敷く。
- オーブンを180℃に温める。

**作り方**

1. ボウルに**B**を入れ、泡立て器でとろりとするまで混ぜ、合わせた**A**を加え、カードで切るように混ぜる。
2. 粉っぽさがなくなってもろもろしたら(**a**)バットに入れ、手で押して平らにならし、180℃のオーブンで20分ほど焼く。粗熱がとれたら、ナイフで好みの大きさに切る。

a

**材料**（20.5×16×深さ3cmのバット1枚分）

**【タルト生地】**

A
- 薄力粉　80g
- 粉砂糖　25g
- ベーキングパウダー　ひとつまみ

B
- 植物油　30g
- 牛乳　15g

**【フィリング】**

C
- グラニュー糖　50g
- はちみつ　50g
- 水　50g

生クリーム　50ml
スライスアーモンド　50g

**下準備**

- バットにオーブンシートを敷く。
- オーブンを190℃に温める。

**作り方**

❶ タルト生地は81ページの①〜③を参照して作り、190℃のオーブンで15分ほど焼く。

❷ フィリングを作る。小鍋にCを入れて中火にかけ、時々鍋を回しながら半量になるまで5分ほど煮詰める。薄く色づいたら生クリームを加え（沸き上がってくるので注意）、木ベラで混ぜながら弱めの中火で1分煮詰め、火を止める。

❸ アーモンドを加えて混ぜ（**a**）、①に流して平らにならし、180℃に温めたオーブンで15分ほど焼く。冷めたら、ナイフで好みの大きさに切る。

a

# 7.
# フロランタン
## Florentin

大好きなフロランタンを、より気軽に作れる配合にしました。
タルトとフィリングが同じ厚さなのが、おいしさのポイントです。

# 8.
# チョコバナナタルト
## Chocolate banana tart

つぶしたバナナを加えてクリーミーなフィリングに仕上げた、
バナナ風味のチョコレートタルトです。
変色するので、バナナは食べる直前にのせて。
上にのせるかわりに、から焼きしたタルトの底に並べ、
その上からフィリングを流して焼いてもいいです。

**材料**（20.5×16×深さ3cmのバット1枚分）

**【タルト生地】**

A
- 薄力粉　80g
- 粉砂糖　25g
- ベーキングパウダー　ひとつまみ

B
- 植物油　30g
- 牛乳　15g

**【フィリング】**
- 製菓用チョコレート（ビター）　100g
- 生クリーム　50g
- 卵　1個
- バナナ　½本（正味50g）
- はちみつ　10g

トッピング用のバナナ　1½本（正味150g）

**下準備**
- 卵は室温に戻す。
- チョコレートは細かく刻む。
- フィリング用のバナナはフォークで粗くつぶす。
- バットにオーブンシートを敷く。
- オーブンを190℃に温める。

**作り方**

❶ タルト生地を作る。ボウルに**B**を入れ、泡立て器でとろりとするまで混ぜ、**A**をふるい入れ、カードでまわりの粉をかぶせるようにし、半分くらいなじんだら切るように混ぜる。

❷ 粉っぽさがなくなったら、カードで半分に切っては重ねるのを3〜4回くり返す。

❸ ひとまとめにし、10個にちぎってバットに入れ、手で押して平らにならし、フォークで全体に穴をあける。190℃のオーブンで20分ほど焼く。

❹ フィリングを作る。ボウルにチョコレートを入れて湯せん（底に60℃の湯をあてる）にかけ、泡立て器で混ぜて溶かす。ラップをかけずに電子レンジで30秒加熱した生クリーム（少しずつ）、溶いた卵（3回に分けて）、つぶしたバナナとはちみつの順に加え、そのつどよく混ぜる。

❺ ③に流し、170℃に温めたオーブンで10分ほど焼く。食べる時に、5mm幅の斜め切りにしたトッピング用のバナナを斜めにずらしながらのせる。

タルト生地は、粉類をふるい入れてカードでかぶせるようにし、半分くらいなじんだら、切るようにして混ぜる。

生地ができたら10個にちぎってバットに入れ、手で押すようにして平らにならす。厚みが均一になるようにして。

生地を平らにならしたら、フォークで全体に穴をあける（25か所くらい）。これで、焼いた時に生地が浮き上がってくるのを防げる。

フィリングのチョコレートに、つぶしたバナナを加えて混ぜる。バナナを入れることで、風味としっとりとした食感がプラスされる。

# 9.
# レモンのタルト
## Lemon tart

レモンの酸味、アーモンドの香ばしさが詰まったフィリングは、
混ぜるだけと簡単なのに、とびきりのおいしさ。
薄く流したフィリングが、生地と一体化したところが格別です。
レモンのスライスをのせ、表情豊かに焼き上げます。

**材料**（20.5×16×深さ3cmのバット1枚分）

【タルト生地】

A
- 薄力粉　80g
- 粉砂糖　25g
- ベーキングパウダー　ひとつまみ

B
- 植物油　30g
- 牛乳　15g

【フィリング】
- 卵　1個
- グラニュー糖　50g
- 植物油　10g
- レモン汁　約½個分（20g）
- レモンの皮（ワックス不使用のもの）のすりおろし　½個分
- アーモンドパウダー　30g

トッピング用のレモン（ワックス不使用のもの）　½個

**下準備**
- トッピング用のレモンは、3mm厚さのいちょう切りにする。
- バットにオーブンシートを敷く。
- オーブンを190℃に温める。

**作り方**

❶ タルト生地を作る。ボウルにBを入れ、泡立て器でとろりとするまで混ぜ、Aをふるい入れ、カードでまわりの粉をかぶせるようにし、半分くらいなじんだら切るように混ぜる。

❷ 粉っぽさがなくなったら、カードで半分に切っては重ねるのを3〜4回くり返す。

❸ ひとまとめにし、10個にちぎってバットに入れ、手で押して平らにならし、フォークで全体に穴をあける。190℃のオーブンで15分ほど焼く。

❹ フィリングを作る。ボウルに材料を順に入れ、そのつど泡立て器でよく混ぜる。③に流し、トッピング用のレモンを全体にのせ、180℃に温めたオーブンで20分ほど焼く。

フィリングは材料を順に加え、そのつど泡立て器でぐるぐるっと混ぜるだけでいい。ややゆるく感じるけれど、焼くとしっとりと固まる。

# 10.
# キャラメルクリームタルト

## Caramel cream tart

ツノが立つまで泡立てた生クリームを最後に混ぜることで、
キャラメルクリームが驚くほどなめらかに。
冷蔵室で冷やし、クリームが固まったところが食べごろです。
酸味のあるドライフルーツやナッツがよく合います。

**材料**（20.5×16×深さ3cmのバット1枚分）

**【タルト生地】**

A
- 薄力粉　100g
- 粉砂糖　30g
- ベーキングパウダー　ひとつまみ

B
- 植物油　40g
- 牛乳　15g

**【キャラメルクリーム】**
- グラニュー糖　80g
- はちみつ　10g
- 生クリーム　100ml＋50ml

くるみ、ピスタチオ　合わせて15g
ドライアプリコット　15g

**下準備**

- ナッツはフライパンの弱火でからいりし、くるみは2〜3等分に、ピスタチオは縦半分に切る。
- ドライアプリコットは1.5cm角に切る。
- バットにオーブンシートを敷く。
- オーブンを190℃に温める。

**作り方**

❶ タルト生地を作る。ボウルに**B**を入れ、泡立て器でとろりとするまで混ぜ、**A**をふるい入れ、カードでまわりの粉をかぶせるようにし、半分くらいなじんだら切るように混ぜる。

❷ 粉っぽさがなくなったら、カードで半分に切っては重ねるのを3〜4回くり返す。

❸ ひとまとめにし、10個にちぎってバットに入れ、手で押して平らにならし、ふちを1cm立ち上げる。フォークで全体に穴をあけ、190℃のオーブンで20分ほど焼く。

❹ キャラメルクリームを作る。鍋にグラニュー糖とはちみつを入れて中火にかけ、ふちから色づいてきたら鍋を回して混ぜ、全体が濃いこげ茶色になったら火を止める。生クリーム100mlを少しずつ加えて（沸き上がってくるので注意）泡立て器で混ぜ、弱火で30秒ほど煮詰めてボウルに移し、底に氷水をあてて、泡立て器で混ぜながら粘りけが出るまで冷ます。生クリーム50mlをツノが立つまで泡立てて（九分立て）加え、ゴムベラでさっくりと混ぜる。

❺ ③が完全に冷めたら④を流し、スプーンで凹凸をつけ、ナッツとドライフルーツを散らす。冷蔵室で1時間以上冷やして食べる。

＊ナッツはアーモンド、ヘーゼルナッツ、ピーカンナッツ、ドライフルーツはレーズン、ドライいちじく、ドライクランベリーなど、好みのものでOK

バットにタルト生地を入れ、手で平らにならしたら、ふちにそって上に1cmほど押しのばし、立ち上がりを作る。これで、クリームをたっぷり詰めてもOK。

砂糖とはちみつを中火にかけ、鍋を揺すりながらこがし、濃いこげ茶色になったら火を止める。あとで生クリームを加えるので、他のキャラメルよりもやや濃いめにこがす。

キャラメルクリームは底に氷水をあて、泡立て器で混ぜながら、粘りけが出るまで3分ほど冷ます。ゆるいとクリームが分離するので注意して。

Column

# 材料について

粉や砂糖、卵、油、牛乳など、
ごくシンプルな材料で作れるトレイベイク。
私が普段愛用しているものや、
選ぶ時のポイントをご紹介します。

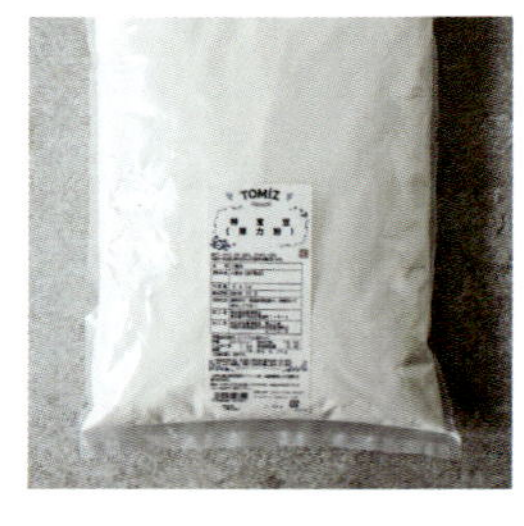


薄力粉

お菓子をしっとりと軽く仕上げてくれる「特宝笠（とくたからがさ）」を愛用しています。ふくらみがよく、スポンジやシフォンケーキ向き。できれば冷蔵保存するのが理想的で、長期間使わないようなら冷凍室で保存を。★

砂糖

きび砂糖はオイルのお菓子と相性がよく、バナナやりんご、野菜のケーキ、クッキーなどに幅広く使っています。チョコやチーズ、フルーツの繊細な風味を立たせたい時は、グラニュー糖を。粉砂糖は食感が軽くなるので、タルト生地に。「微粒子グラニュー糖」は★

ベーキングパウダー

アルミニウム（みょうばん）不使用のものを。食感を軽くする力もあり、クッキーにひとつまみ加えるとさくさくに。開封して時間がたつとふくらみが悪くなるので、新鮮なものを。保存は冷蔵室で。「愛国ベーキングパウダー」★

卵

Mサイズ（卵黄20g＋卵白30〜35g）を使っています。オイルの生地はなじみがいいため、あらかじめ溶いておかなくてもOK。卵白は冷たいほうが泡立ちやすいので、メレンゲにする時は、冷蔵室から出したてのものを。

油

無色透明で風味やくせのない、太白ごま油を愛用しています。キャノーラ油や米油、菜種油でもOK。オリーブ油や茶色のごま油は、風味が強すぎるので避けてください。

ヨーグルト

無糖のプレーンタイプを、水きりせずにそのまま使用。加えることで、生地が軽く仕上がります。低脂肪のものはコクがないので、また、甘みがついているものも避けて。

チョコレート

ビター、ホワイトともに、フランス・ヴァローナの製菓用チョコレートを使用。ビターは、カカオ分55〜60％前半のものが扱いやすくておすすめ（「カラク」を使用）。板チョコのビターでも代用できます。★

牛乳／生クリーム

牛乳は低脂肪や無脂肪でなく、成分無調整のものを。生クリームは、乳脂肪分35％のものを使用。キャラメルやチョコレートと合わせても風味が引き立ち、多少泡立てすぎても、なめらかで扱いやすいです。

**【お菓子の日持ちについて】**

●クッキー類以外は、すべて冷蔵保存。日持ちは、チョコレートのお菓子、ナッツとドライフルーツのお菓子⇒約4日。チーズ、フルーツ、野菜のお菓子⇒約3日。生クリームやキャラメルクリームをのせたもの、タルト⇒約2日。
●クッキー類は、乾燥剤とともに密閉容器に入れ、常温で約2週間。
●冷凍保存ができるものは、フルーツを使っていないブラウニー、ブロンディ、チーズケーキのほか、野菜のお菓子、ナッツとドライフルーツのお菓子、クッキー類。ラップで包んでファスナー式の保存袋に入れ、日持ちは2〜3週間。

★の入手先は（富）⇒詳しくは88ページ

Column

# 道具について

バット1つで作れるトレイベイクは、
使う道具も身近なものばかり。
思い立ったらすぐにキッチンに立って、
お菓子作りを楽しむことができます。

## ボウル

外径18×高さ10cmの工房アイザワのステンレス製リングつきボウル（写真右）をメインに、クッキーなどカードで切り混ぜる生地には、直径22cmのものを使っています。メレンゲ泡立て用には、工房アイザワの小ぶりの外径14×高さ7.5cmのものを使用。

## 泡立て器

トレイベイクは、ぐるぐる混ぜて作る生地が多いので、ワイヤーがしっかりしたものがおすすめ。東京・合羽橋で購入した、ホテイ印の27cm長さのものを愛用しています。

## ゴムベラ

耐熱のシリコン製のものを使用。泡立て器で混ぜた生地も、最後にこれで底から返すように混ぜ、粉が底にたまってムラになるのを防ぎます。生地をバットに流す時にも使用。

## カード

クッキー、パイ、タルトの生地を、さくさくと切るように混ぜるのに使います。ショートブレッドは、これであらかじめ2×8列に切り目を入れ、それから焼きます。

## 粉ふるい

ボウルに粉類をふるい入れる時に使うので、ボウルよりも直径が小さいものを。持ち手つきのざるでOKです。私が使っているのは、直径15cmのもの。あらかじめ粉類をふるっておき、一度に加えても。

## スケール

デジタル式の1g単位のものを。水分量によって生地のまとまりが違ってくるので、油や牛乳などの液体も、gで正確に量るのがおすすめ。1つのボウルに材料を順に加えながら計量し、そのつど混ぜればラク。

## 大さじ／小さじ

大さじ1＝15ml、小さじ1＝5mlです。粉類などは多めにすくってすりきり、正確に量ってください。

## めん棒

パイ生地をのばす時、チーズケーキのボトムのビスケットを割る時に使用。ラップの芯でも代用可。私が使っているのは、35cm長さのもの。握りやすい太さ、長さのものを。

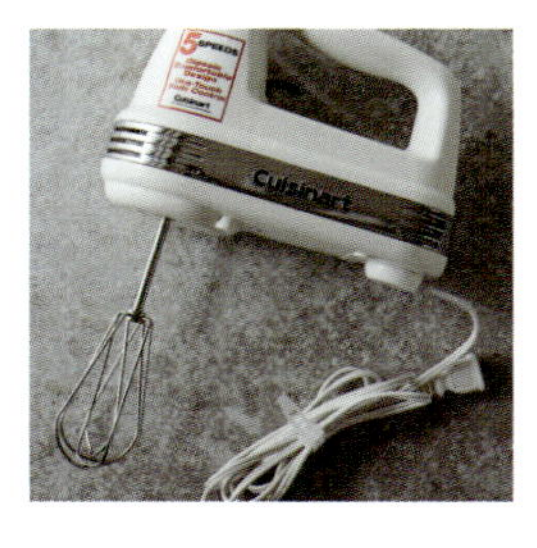


## ハンドミキサー

卵白を泡立て、ピンとツノが立つメレンゲを作る時に使います。乳脂肪分35％の生クリームはやや泡立ちにくいので、ホイップクリームにする時もこれを使うのがおすすめ。

## バット

この本では、野田琺瑯のキャビネサイズ（20.5×16×深さ3cm）のホーローバットを型として使っています。近いサイズのステンレスやアルミ製のバット、15cmの角型でも同様に作ることができます。

吉川文子（よしかわ ふみこ）

千葉県生まれ。お菓子研究家。自宅で洋菓子教室「Kouglof（クグロフ）」を主宰。藤野真紀子氏、近藤冬子氏、フランス人パティシエのサントス・アントワーヌ氏に師事し、お菓子作りを学ぶ。フランス伝統菓子をベースにしつつ、バターを使わないお菓子を中心に、書籍や雑誌でレシピを提案。著書に『オイルで作る ふんわりケーキとサクサククッキー』（オレンジページ）、『「糖質オフ」のロールケーキ』（文化出版局）など多数。
http://kougloflove.blog120.fc2.com/

# トレイベイク


著　者　吉川文子
編集人　足立昭子
発行人　倉次辰男
発行所　株式会社 主婦と生活社
〒104-8357　東京都中央区京橋3-5-7
Tel. 03-3563-5321（編集部）
Tel. 03-3563-5121（販売部）
Tel. 03-3563-5125（生産部）
https://www.shufu.co.jp/
印刷所　凸版印刷株式会社
製本所　株式会社若林製本工場
ISBN978-4-391-15376-7





デザイン　福間優子
撮影　福尾美雪
スタイリング　西﨑弥沙

取材　中山み登り
校閲　滄流社
編集　足立昭子


◎（富）→ TOMIZ（富澤商店）　＊材料提供
オンラインショップ　https://tomiz.com
Tel. 042-776-6488　＊土日祝は休
（月～金　9:00 ～ 12:00、13:00 ～ 17:00）
製菓・製パン材料を中心に、幅広い食材をそろえる食材専門店。オンラインショップのほか、全国に直営店があります。

＊商品の取り扱い先は、2019年10月18日現在のものです。お店や商品の状況によって、同じものが入手できない場合もあります。あらかじめご了承ください。